KLAUS-PETER JÖRNS

Liebe kann man nicht begraben

Predigten
Mit einer Liturgie und einem Bekenntnis

RADIUS

Klaus-Peter Jörns, 1939 in Stettin geboren, studierte Evangelische Theologie und Soziologie in Bonn und Göttingen und promovierte 1967 bei Joachim Jeremias im Neuen Testament. Er wurde 1968 Pfarrer der Ev. Kirche im Rheinland, 1978 Professor am Theologischen Seminar der Ev. Kirche in Hessen und Nassau in Herborn und 1981 Professor für Praktische Theologie sowie 1982 Direktor des Instituts für Religionssoziologie und Gemeindeaufbau der Kirchlichen Hochschule Berlin. Von 1993–1999 war er in denselben Funktionen an der Humboldt-Universität zu Berlin tätig. Seit 1998 ist er Mitglied der Europäischen Akademie der Wissenschaften und Künste. Weitere Informationen auf seiner Homepage www.klaus-peter-joerns.de. 2012 gründete er zusammen mit anderen die »Gesellschaft für eine Glaubensreform e.V.«. Mehr dazu auf der Homepage www.glaubensreform.de

Von Klaus-Peter Jörns liegt im Radius-Verlag vor:

Glaubwürdig von Gott reden. Gründe für eine theologische Kritik der Bibel

ISBN 978-3-87173-510-3
Copyright © 2019 by RADIUS-Verlag GmbH Stuttgart
Alle Rechte der Verbreitung, auch durch Film, Funk, Fernsehen,
fotomechanische Wiedergabe, Tonträger jeder Art,
auszugsweise erfolgenden Nachdruck oder Einspeicherung
und Rückgewinnung in Datenverarbeitungsanlagen aller Art,
sind vorbehalten.
Auf holz- und säurefreiem Werkdruckpapier gedruckt
Gesamtherstellung: CPI – Clausen & Bosse, Leck
Printed in Germany

Allen gewidmet,
die dazu beitragen, dass der christliche Glaube
eine zeitgemäße Gestalt findet.

Vorwort

Zehn Jahre lang bin ich Pfarrer in den Kirchengemeinden Gödenroth und Heyweiler auf dem Hunsrück (Evangelische Kirche im Rheinland; 1968–1978) gewesen. Auch danach habe ich gerne da gepredigt, wo ich gelebt habe: In Berlin (1981–1999) und in Berg am Starnberger See (seit 2000). Gepredigt habe ich aber auch in Gemeinden, die mich dazu eingeladen haben, oft in Verbindung mit Vorträgen, wie in Hamburg-Blankenese und -Volksdorf. Insofern die hier versammelten 27 Predigten aus den genannten Orten stammen, zeichnen sie auch eine Strecke meines Lebensweges nach, denn sie sind chronologisch angeordnet.

Ich danke den Menschen, die mir aufmerksam und oft auch wohlwollend kritisch zugehört haben, von Herzen. Denn aus den Predigtvorbereitungen und den Nachgesprächen zu den Gottesdiensten habe ich viele Impulse erhalten. Sie haben sich auf meine wissenschaftliche Arbeit und auf die so dringend notwendige Transformation unseres Glaubens in eine zeitgemäße und glaubwürdige Gestalt ausgewirkt.

Für die Leserinnen und Leser einiger Predigten ist es wichtig, die im Anhang mitgeteilte zweiteilige Liturgie zu kennen, weil die Predigten auf diese Liturgie vorausweisen. Diese Liturgie geht nicht mehr davon aus, dass Jesu Tod als Sühne leistender Opfertod zu deuten wäre. Sie leitet die Vollmacht, einander Sünde und Schuld zu vergeben, allein von der Liebe Gottes her.

Das Bekenntnis, das ich mit meiner Frau Wiltrud zusammen gestaltet habe, ist auch in diesem Anhang enthalten. Es will keine anderen Bekenntnisse verdrängen, sondern stellt modellhaft das dar, was jede und jeder für sich selbst oder gemeinsam mit anderen auch gestalten kann: eine Zusammenstellung von Glaubensaussagen, die jetzt für den eigenen Glauben wichtig sind. Obwohl sie verständlicherweise Zitate enthalten, sind sie in der jeweiligen Zusammenstellung authentisch.

Aus Raumgründen sind bei den Predigten die auszulegenden Bibeltexte nur dann vorangestellt, wenn sie aus der Zürcher Bibel entnommen sind, und zwar aus den Ausgaben von 1931 und 2007. Einige Texte sind frei übersetzt und mit Zusätzen ergänzt, die das Verstehen fördern sollen. Auch die habe ich vorangestellt.

Die den Predigten zugrunde liegenden Bibelabschnitte sind in einem Register verzeichnet. In den Predigten zusätzlich ausgelegte Texte sind darin nicht aufgeführt.

Die Predigten sind im Allgemeinen unverändert wiedergegeben worden. Bei einer Reihe von ihnen habe ich aber grammatische oder stilistische Korrekturen vorgenommen und selten auch mir selbst inzwischen fremd erscheinende Ausdrücke und Aussagen verändert.

Von Herzen danke ich meiner Frau Wiltrud und meiner Mitarbeiterin in der Glaubensreform-Gesellschaft, Ulrike Fries-Wagner, dafür, dass sie mir geholfen haben, die hier nachgedruckten Predigten aus der Menge der Manuskripte auszuwählen.

Ich danke Wolfgang Erk für die Aufnahme der Predigten in das Programm des Radius-Verlages. Fast genau vor zehn Jahren ist hier ja auch mein Buch »Glaubwürdig von Gott reden. Gründe für eine theologische Kritik der Bibel« erschienen.

Berg, im März 2019   *Klaus-Peter Jörns*

Liebe kann man nicht begraben

Ostersonntag, Gödenroth und Heyweiler am 10. April 1977; Lukas 24,1-12

Am ersten Tag der Woche aber kamen sie noch im Morgengrauen zum Grab und brachten die wohlriechenden Öle mit, die sie zubereitet hatten. Da fanden sie den Stein weggewälzt vom Grab. Als sie aber hineingingen, fanden sie den Leichnam des Herrn Jesus nicht. Und es geschah, während sie ratlos dastanden, dass auf einmal zwei Männer in blitzendem Gewand zu ihnen traten. Voller Furcht neigten sie das Gesicht zur Erde, und die Männer sagten zu ihnen: Was sucht ihr den Lebenden bei den Toten? Er ist nicht hier, er ist auferweckt worden. Denkt daran, wie er zu euch gesagt hat, als er noch in Galiläa war: Der Menschensohn muss in die Hände von sündigen Menschen ausgeliefert und gekreuzigt werden und am dritten Tag auferstehen. Da erinnerten sie sich an seine Worte. Und sie kehrten vom Grab zurück und berichteten alles den elfen und allen andern. Es waren dies Maria aus Magdala und Johanna und Maria, die Mutter des Jakobus, und die anderen Frauen, die mit ihnen waren. Sie sagten es den Aposteln; denen aber erschienen diese Worte wie leeres Geschwätz, und sie glaubten ihnen nicht. Petrus aber stand auf und eilte zum Grab, und als er sich hineinbückt, sieht er nur die Leinentücher; und er ging nach Hause, voller Verwunderung über das, was geschehen war. (Zürcher Bibel 2007)

I.

Ich habe eigentlich nie gerne über diesen Abschnitt gepredigt, weil oft das intellektuelle Ärgernis über das leere Grab wie ein tiefer Stachel in meinen Gedanken hing. Und ich habe mich manchmal durch die landläufigen

Zweifel an dieser Geschichte, die alle auf dasselbe Ärgernis hinauslaufen, in eine reine Verteidigungshaltung drängen lassen. Doch beiden Denkbewegungen bleibt die Botschaft dieser Geschichte verschlossen. Sie ist eine Lebensgeschichte, und als solche ist sie eine Liebesgeschichte. Und beiden, einer Lebensgeschichte wie einer Liebesgeschichte gegenüber, ist die reine Vernunft kein angemessenes Verstehensmittel. Verstehen können wir sie nur vom Leben, nur von der Liebe selbst her. Wo die Liebe wirkt, fängt das Verstehen von Leben erst an.

Wir wollen es versuchen. Und wir richten unsere Gedanken zuerst auf die Worte, die die beiden Engel den in Furcht zur Erde gebeugten Frauen sagen: »Was sucht ihr den Lebenden bei den Toten?« Zu der Zeit, als Lukas sein Evangelium schrieb, gab es einen Weisheitsspruch, in dem diese Frage den zweiten Teil bildete: »Man pflegt bei den Lebenden die Toten zu suchen. Aber man sucht bei den Toten nicht die Lebenden.«

»Man pflegt bei den Lebenden die Toten zu suchen« – das ist die Richtung der Gedanken, die sich bei allen Trauernden einstellt: Wenn wir einen geliebten Menschen durch den Tod verlieren, so suchen wir unter den Lebenden, da, wo wir nun ohne den Toten leben, überall nach ihm. Wir suchen sein Angesicht und seine Gestalt, seine Wege, seine Gedanken. Wir suchen nach lebenden Ähnlichkeiten, wir suchen, sein Andenken zu erhalten. Und wer liebt, geht den Weg des liebenden Andenkens, soweit wir Menschen diesen Weg gehen können, dann immer wieder – zum Grab. Weil die Liebe, weil der geliebte Mensch nicht mehr gepflegt werden kann, wird sein Andenken, wird das Grab gepflegt, in dem auch die Liebe mit begraben werden musste, wie wir meinen.

II.

So ist es auch nach Jesu Tod geschehen. Es sind die Frauen, die ihrer Liebe zu Jesus nachgehen. Während die Jünger fliehen, aus Angst vor den Juden sich versteckt halten oder sich einfach resigniert in ihre Heimatdörfer zurückziehen, während sie sagen: »Es ist aus, es war alles umsonst!«, gehen die Frauen zum Grab. Sie nehmen Balsam mit. Aromata, wie es im Griechischen heißt. Und sie haben selbst den Geschmack des bitteren Aromas auf der Zunge, das uns der Abschiedsschmerz beim Tod geliebter Menschen schmecken lässt. Dieser Schmerz wird nur gelindert durch das Wenige, das jetzt noch getan werden kann: durch das Sorgen für ein würdiges Begräbnis, damals durch das Einbalsamieren der Leiche.

So geschieht den Frauen, die aus Liebe zu Jesus kommen, zuerst Fürchterliches, als sie das Grab leer finden. Das Wenige, das sie Jesus noch hätten tun können, ist ihnen unmöglich gemacht. Sie blicken auf die leere Erde. Nicht einmal diesen immer und gerne zu wiederholenden Gang ans Grab wird es also für ihre Liebe zu Jesus geben. Doch die Engelsgestalten, die an das Sprichwort erinnern, wonach die Lebenden ihre Toten suchen, sagen nun seinen zweiten Teil. Sie sprechen aber nicht mehr allgemein. Sie sagen den Trauernden keine Weisheit. Gegen Liebestrauer hilft keine Weisheit. Sie sprechen vielmehr den Grund ihrer Trauer an und sagen: »Was sucht ihr den Lebenden bei den Toten? Er ist auferstanden.« Und die beiden Gestalten erinnern die Frauen an Jesu Worte, dass er leiden und sterben, aber am dritten Tage auferstehen werde. Und was dann noch berichtet wird, ist in dürren Worten beschrieben: Die Frauen gehen nach Hause zu den Ihren, sie sagen weiter, was ihnen gesagt worden ist, auch den Aposteln. Aber begreifen tut's offenbar keiner recht. Die Apostel nennen es jedenfalls »leeres Gerede«, was sie von den Frauen hören, und glauben es nicht. Eine an

Petrus interessierte Quelle weiß noch, dass er wenigstens ans leere Grab gelaufen – und verwundert wieder davongegangen sei. Von Glaube wird da auch nicht geredet.

Es ist schon seltsam, liebe Gemeinde. Das Himmelreich hatte Jesus den Kindern zugesprochen, nicht den Erwachsenen, die sich mit der Welt, wie sie ist, abgefunden haben. Den einfachen Schafhirten ist die Weihnachtsbotschaft auf dem Feld unter offenem Himmel gesagt worden, nicht den Theologen, die Gott nur zu gerne in den heiligen Schriften und Tempeln gefangen halten. Und nun wird Frauen inmitten einer männerherrlichen Welt gesagt, dass aus dem Todesgeschehen vom Karfreitag eine Lebensgeschichte wurde, und dass aus der Trauergeschichte wieder eine Liebesgeschichte werden kann: Ihr braucht eure Liebe nicht zu begraben, denn der Geliebte lebt in und mit euch. Und die Liebe kann, die Liebe soll tun, was sie ihrem Wesen und Antrieb nach ja auch einzig will: weitergehen.

III.

Wenn wir Auferstehung nachbuchstabieren wollen, brauchen wir also nur der Liebe nachzudenken. Und wir buchstabieren Auferstehung dann so: Nach Gottes Willen ist Liebe grenzenlos. Damit wir diese ungeheure Rede, ihre alle Schranken umwerfende Kunde aufnehmen können, hat Jesus grenzenlos, bis zum Kreuzestod, an der Liebe festgehalten. Und er hat die Lieblosigkeit seiner Feinde nicht wieder mit Lieblosigkeit beantwortet. Auch Gott hat nicht mit Hass geantwortet, sondern mit der Auferweckung Jesu. Er hat der Liebe zum Recht verholfen, und damit dem Leben. Das ist die Osterbotschaft. Ihr konnten eben nur die Frauen auf die Spur kommen, weil sie der Liebe nachgegangen sind.

Und was sollen wir nun sagen? Vielleicht, dass glauben lernen seit Ostern identisch ist mit leben lernen! Und dass beides wieder dasselbe ist wie lieben lernen. Aber auch das können wir sagen: Wenn es stimmt, dass wir Menschen durch Liebe zu Menschen werden, dann brauchen wir, solange wir leben und lieben, keine einzige Liebe zu begraben. Ja, sogar das können wir glauben: Liebe kann überhaupt nicht begraben werden. Und der Schreiber des ersten Johannesbriefes hat also Ostern ganz richtig zu Ende buchstabiert, wenn er sagt: »Gott ist Liebe und wer in der Liebe bleibt, der bleibt in Gott, und Gott bleibt in ihm.« Dem stehen Gräber nicht im Wege! Was Gott Ostern durchgesetzt hat und was dank der Liebe, die Gott und die Frauen zu Jesus hatten, bis in unsere Sprache, in unser Leben hineingekommen ist. Nichts anderes haben die Evangelien uns mit dem Wort vom leeren Grab sagen wollen. Was bleibt also? »Nun aber bleibt: Glaube, Hoffnung, Liebe, diese drei. Aber die Liebe ist die größte unter ihnen.« (1. Korintherbrief 13,13) Damit können wir nämlich menschlich leben und menschlich leben lassen. Aber darum sollen wir nach Gottes Willen auch geborgen sterben und andere geborgen sterben lassen können.

Das aufgedeckte Antlitz

Pfingstsonntag, Gödenroth und Heyweiler am 29. Mai 1977; 2. Korintherbrief 3,17f.

Der Herr aber, das ist der Geist; und wo der Geist des Herrn ist, da ist Freiheit. Wir alle aber schauen mit aufgedecktem Antlitz die Herrlichkeit des Herrn wie in einem Siegel und werden so verwandelt in die Gestalt, die er schon hat, von Herrlichkeit zu Herrlichkeit, wie der Herr des Geistes es wirkt. (Zürcher Bibel 2007)

I.

Der gesenkte Blick und der gehobene Blick; das verdeckte Antlitz und das aufgedeckte Antlitz – dazwischen liegen Welten. Als Mose auf den Berg Sinai ging, erzählt das Alte Testament (2. Mose 33,20 ff.; 34,29f.), konnte er Gott nur mit verdecktem Blick entgegengehen. Ja, Gott selbst hielt schützend seine Hand über ihn, damit er ja nicht durch den Anblick des Angesichts Gottes verbrennen müsste. Und doch war der Glanz, den diese Begegnung mit Gott auf die Haut des Mose gelegt hatte, so stark, dass er bei seiner Rückkehr die auf ihn wartenden Israeliten noch blendete.

Es war ja auch eine ungeheure, eine Ausnahmezeit, die Mose vierzig Tage lang beim Meißeln der Gebote in die Steintafeln in Gottes Nähe verbracht hatte. Kein Mensch nach ihm hat dasselbe mehr erlebt. Die Geschichte bleibt eine alte, sagenhafte Erinnerung, so wie man sich in Israel an den Auszug aus Ägypten und an den Durchzug durchs Schilfmeer erinnerte. Erinnerungen sind das mit herrlicher Patina, unzählige Male gemalt und gezeichnet, und doch in unerreichbarer Vergangenheit versunken.

Der gesenkte und der gehobene Blick, das durch Angst oder Scheu verdeckte und das strahlend aufgedeckte Antlitz – uns sind sie auf eine andere Weise Gegenwart. Was unsere Seele bedrückt, das senkt auch den Blick, schlägt die Augen nieder: Kummer oder Scham, Trauer und Schuldgefühl, Betretensein in peinlichen Situationen bis hin zum Wunsch, im Erdboden zu versinken, Depression. Da sind wir wie umstellt, gefangen bei uns, auf uns selbst zurückgeworfen, ohne Glanz und Freiheit. Wenn wir aber Glück haben, wenn uns ein gutes Wort trifft, wenn uns Freundliches einfällt oder die uns zugewandte Güte und Liebe eines Menschen, dann hellen sich unsere Züge auf, dann antworten wir mit Lachen und Strahlen, dann haben wir Glanz in den Augen, fühlen uns befreit, wenn wir vorher traurig oder gefühllos waren. Es gibt nichts Herrlicheres, als eines Menschen Angesicht so aufhellen zu sehen in Freude und Glück: Es ist die reine Freude, die uns auch das Kinderlachen so liebenswert macht. Denn die Herrlichkeit eines offenen Antlitzes – sie spricht ja davon, dass wir Menschen uns wohlfühlen auf der Erde, dass wir ohne Bedrohung sind und frei.

II.

Doch – wovon rede ich? Ist nicht von Pfingsten zu reden? Von der Ausgießung des Geistes? Ich habe es getan: Wenn auch mit anderen Worten, habe ich den Wechsel vom verdeckten zum aufgedeckten Antlitz besprochen, von dem Paulus sagt, er sei das Werk des Geistes Gottes: »Wir alle schauen mit aufgedecktem Antlitz die Herrlichkeit des Herrn wie in einem Spiegel und werden so verwandelt in die Gestalt, die er schon hat.« Aus seiner Herrlichkeit werde unsere Herrlichkeit, fügt er hinzu.

Man muss sich das ganz langsam vorsprechen, um die darin liegende Aussage zu begreifen: Wenn wir ein offenes, aufgedecktes Antlitz haben, dann spiegeln wir die Herrlichkeit des Herrn wider, ja, dann werden wir in sein Aussehen verwandelt! Welch eine Metamorphose, welch eine Verwandlung ist das: Wir bekommen das Aussehen Jesu Christi. Ein staunenswerter Vorgang. Aber noch staunenswerter, finde ich, ist die Art dieser Verwandlung. Denn wenn unser aufgedecktes, offenes Antlitz das Angesicht Jesu Christi widerspiegelt, dann besteht die ganze Verwandlung in der Öffnung, im Aufschließen und Aufhellen unserer Gesichtszüge. Und dann ist die ganze Herrlichkeit, die Doxa, des Herrn auch nichts anderes als seine Offenheit und Zugewandtheit zu uns. Und dann kann jene Mose-Geschichte auch getrost in der Vergangenheit der Sagen bleiben, denn unserm Gott kann man ins Antlitz sehen, er hat ein offenes Gesicht, ja, er will, dass diese herrliche Offenheit auf uns übergeht. Sogar dies lässt sich sagen: Wo immer du ein offenes Menschengesicht siehst, wo Menschen sich offen äußern und sich nicht hinter Masken verstecken, da siehst du das Angesicht Jesu Christi. Und das kann deshalb gesagt werden, schreibt Paulus, weil der Herr der Geist ist.

III.

Das fällt uns schwer zu verstehen, weil in unserer Sprache das Wort Geist nicht zugleich jene Bedeutung hat, die die entsprechenden Wörter im Hebräischen und im Griechischen haben. *Ruach* und *pneuma* nämlich meinen Geist und Wind; Geist ist also identisch mit Bewegung, mit aller bewegenden Kraft; Geist ist in allem Bewegten am Werk, und Geist ist es, der die Gedanken und Gefühle bewegt, die uns bewegen. Wenn nun aber der Herr der Bewegende, der Geist, ist, dann zieht Paulus daraus den zutreffenden Schluss, wenn er schreibt: Wo sich unsere Gesichtszüge aufhellen, da ist ein geistiges Ereignis von großer Bedeutung geschehen: Da offenbart der Herr sein wahres Gesicht.

Das Pfingstereignis ist also groß zu feiern. Denn wir feiern heute nicht weniger, als dass wir des Herrn Ebenbild sein können, und dass wir, um sein Ebenbild zu sein, weder Flügel noch Thron, weder Macht noch Besitz noch ein feierliches Gesicht, sondern allein ein menschliches, ein offenes, den anderen zugewandtes Gesicht brauchen.

Pfingsten kann und muss man dann auch mit den allereinfachsten Mitteln feiern, und zwar im Alltag: Wo du einem Menschen zuhörst oder wo du einen Zuhörer findest – da ist Gottes Ebenbild präsent, da bewegt sein Geist dich und ihn. Wo du einen Traurigen wieder lachen machst, einen Niedergeschlagenen aufrichtest, wo du einem Verschämten seine Scham abnimmst und seinen Blick wieder hochhebst – da ist Gottes Ebenbild präsent, da bewegt sein Geist dich und ihn. Wo wir uns abwenden von der Hetze, Zeit haben füreinander und Augen und Aufmerksamkeit – da ist Gottes Ebenbild präsent, da geht es um Geist und Leben.

Da aber ist auch Freiheit Gegenwart. Denn solange wir einen gesenkten, gehetzten, gedemütigten oder traurigen Blick haben, sind wir nicht frei, sondern gefangen. Erst wo wir aufhellen und keine Angst mehr haben, uns zu öffnen, können wir frei sein dafür, uns anderen und uns selbst zuzuwenden mit einem aufgedeckten Angesicht, mit dem Aussehen Jesu Christi.

Doch keiner hellt seine Züge von selbst auf. Dazu bedarf es immer eines anderen. Deshalb hat Gott mit Jesus Christus einen Anfang gemacht: »Wie mich der Vater geliebt hat, so habe ich euch geliebt. Bleibt in meiner Liebe! Das habe ich euch gesagt, damit meine Freude in euch sei und eure Freude vollkommen werde.« (Johannes 15,9.11) In der Gegenwart des Geistes wirkt Gott weiter, und wo immer wir uns füreinander öffnen, da ist Geistesgegenwart, da ist Herrlichkeit, wie sie einfacher und schöner, wie sie menschlicher nicht sein kann.

Der Sinn des Lebens ist das Leben selbst

Abschieds-Predigt am 19. Februar 1978 in Gödenroth/ Hunsrück; Hiob 14,1 und Matthäus 11,28

Der Mensch, geboren von der Frau, lebt kurze Zeit und ist voll Unruhe. (Hiob 14,1)

Kommt her zu mir alle, die ihr mühselig und beladen seid; ich will euch Ruhe geben. (Matthäus 11,28; freie Übersetzung)

I.

Der Prediger Salomo, von dem die Altarlesung (3,1-13) stammte, und Hiob haben beide, je auf ihre Art, diese Welt mit offenen und kritischen, aber sehr liebevollen Augen betrachtet. Jener kurze Satz des Hiob stellt so etwas wie eine Zusammenfassung seiner Erkenntnisse dar: Wir Menschen werden geboren, leben – gemessen an aller Zeit – kurze Zeit und sind voll Unruhe unser Leben lang. Ganz verwandt spricht Salomo davon, dass wir Menschen uns ständig mit irgendwas abplagen, und er zieht den Schluss, das Leben sei weitgehend »eitel, ein Haschen nach Wind«.

Bei beiden, bei Hiob und Salomo, lässt sich auch eine Ursache dafür finden, dass wir Menschen so unruhig sind und uns nur mühsam lehren lassen, dass »alles seine Zeit hat« und dass wir diese Zeiten nicht beliebig verlängern können. Die Ursache aller Unruhe ist das Wissen um unser Sterbenmüssen. »Für den Baum gibt es eine Hoffnung«, sagt Hiob. »Denn seine Wurzel mag auch alt werden in der Erde und sein Stumpf in Staub ersterben – vom Duft des Wassers schlägt er wieder aus und treibt Zweige wie ein frisches Reis. Der Mensch (Mann) aber stirbt und ist dahin.« (14,8-10) Und ähnlich sagt Salomo: »Das Geschick der Menschen gleicht dem Geschick der Tiere: …wie diese sterben, so sterben jene auch.« (3,19)

Salomo hat aus diesem Wissen so etwas wie die Kunst gemacht, das Leben zu genießen: »Es gibt nichts Besseres für den Menschen, als dass er esse und trinke und sich gütlich tue bei seiner Mühsal.« (2,24) Aber Salomo hat auch Wissenschaft und Technik, er hat Kunst und Bildung gefördert und ist als der sprichwörtlich Weise in die Geschichte eingegangen. Ist Salomos Art, unruhig zu sein und der Herausforderung zu begegnen, die das Sterbenmüssen in unser Leben bringt, vorbildlich? Ich möchte ihn euch als Vorbild an diesem Tag empfehlen, denn mir ist Salomo Vorbild. Das Leben ist uns nicht gegeben, um es gering zu achten. Wir dürfen es ohne Angst genießen: »Dass ein Mensch essen und trinken kann und sich gütlich tun bei all seiner Mühsal, … das ist eine Gabe Gottes«, sagt Salomo. Haltet diese Gabe Gottes in Ehren! Denn Glück und Freude sind durchaus auch christliche Vokabeln. Die Freude am Schönen und an unserer Leiblichkeit ist ebenfalls eine Gottesgabe, die es zu ehren gilt unter Christen, und die wir nicht zu verachten haben. Und schließlich hat Gott uns an seinem Geist teilhaben lassen, damit wir ihn nutzen zu Erkenntnis und Fortschritt.

Ihr wisst, dass ich in der ganzen Zeit meines Hierseins nie dafür plädiert habe, den Fortschritt oder die Technik oder auch nur die akademische Bildung zu vergötzen. Denn das ist nicht angebracht. Auf der anderen Seite aber ist es auch nicht angebracht, die Wissenschaften einerseits und das glaubende Denken andererseits voneinander zu trennen. Lasst euch das von keinem einreden. Es gibt nur einen Geist, und der hat nach dem Bekenntnis unseres Glaubens mit Gott zu tun. Entscheidend ist, wie und wozu wir den Geist nutzen. Wenn wir in liebevoller Achtung miteinander und mit der Welt umgehen, dann dient der Geist in jedem Fall dem Leben. Und so steht am

Ende aller Erkenntnisse bei Salomo auch die Ehrfurcht vor Gott. Sie ist das einzig zuverlässige Bollwerk gegen die menschliche Selbstherrlichkeit. Und wo uns Menschen Gefahr droht, da droht sie uns von unserer eigenen Selbstherrlichkeit. Auch darum empfehle ich euch Salomo mit seiner Ehrfurcht vor Gott.

II.

Hiob ist ganz anders als Salomo mit dem Leiden in Berührung gekommen. Er ist geplagt und gemartert worden von eigenem Leiden und vom Leiden anderer wie kaum einer vor ihm. Und er ist damit nicht fertiggeworden. Er hat sich durch nichts beruhigen oder trösten lassen. Seine Freunde wollten ihm mit scheinheiligen Reden das Leid, die Klage und die Trauer ausreden. Er aber hält daran fest, dass Leiden Leid ist und dass Klage und Trauer zu uns Menschen als menschliche Antworten auf Leid und Unglück gehören. Aber Hiob macht mit seinen Klagen auch vor Gott nicht Halt und fordert ihn heraus, den Sinn dieses Lebens aufzudecken. Denn er ging davon aus, dass nicht nur das gute Leben, sondern auch die Leiden von Gott kommen, ja, dass Gott uns wie Satan, wie ein grausamer Feind in den Weg treten kann (30,21).

Ich empfehle euch auch Hiob als Vorbild. So sehr es unser Recht ist, die schönen Seiten unseres Lebens zu genießen, so sehr gehören da, wo Unglück in unser Leben einbricht, Klage und Trauer zu uns und müssen ausgesprochen oder auch herausgeschrien werden. Es ist schlimm, wenn sich Menschen gegenseitig das Weinen, wenn sie sich die eigenen Tränen oder Schmerzensschreie verbieten. Habt nie das Gefühl, ein schwacher Mensch zu sein, wenn ihr weint. Indem ich euch Hiob empfehle, empfehle ich euch, niemals dem Unglück gegenüber gleichgültig zu sein. Wer sein eigenes Leiden verbirgt, gibt der Welt und sich selbst keine Chance mehr zu einer

Wandlung zum Besseren. Wer über Unglück nicht trauert und klagt, der wird auch nichts zur Ausbreitung des Glücks beitragen. Doch genau davon leben wir, dass es für die Welt und uns Menschen eine Hoffnung zum Besseren gibt, und dass Menschen da sind, die diese Hoffnung leben, indem sie Anteil am Leid anderer nehmen.

Ich empfehle euch Hiob, denn Gott hat am Ende ihm und nicht seinen falschen Freunden Recht gegeben, die Hiobs Leiden rechtfertigen wollten. Und Gott hat sich zu einer Antwort auf Hiobs Klagen und auf seine Frage nach dem Sinn des Lebens bewegen lassen. Ist unsere Unruhe umsonst? Ist alles Suchen und Fragen vergeblich, »Haschen nach Wind«?

III.

Salomo und Hiob bezeugen uns: Angesichts der Kürze des Lebens und der vielen Leiden, die die Geschöpfe durchleiden müssen, ist das unruhige Fragen weder unberechtigt noch vergeblich. Nur ist die Antwort auf alles Fragen nach dem Sinn des Lebens nicht so zu finden, dass wir sie in Wort- oder Satzgebilden nach Hause tragen könnten. Wir glauben, dass Gott seine Antwort auf das Leiden gegeben hat, indem er sich mit Jesus in unser Leben und Sterben hineinbegeben, also buchstäblich Anteil daran genommen hat. Der Sinn des Lebens, so wissen wir dadurch, ist das Leben selbst. Es dient keinem Zweck. Der Sinn des Lebens ist nur zu erfahren – durch Lebenserfahrung. Von Glück wüssten wir nichts, wenn es kein Unglück gäbe. Und in jedem Unglück meldet sich die Endlichkeit unseres Lebens.

Deshalb möchte euch Mut machen, dem Leben gegenüber, für andere Menschen und Gedanken, offen zu sein und zu bleiben – so werdet ihr den Sinn des Lebens in Höhen und Tiefen erfahren. Vom Sinn des Leben reden können wir nur, wenn wir beachten, dass er sich zusammensetzt aus einer unendlichen Fülle von eigenen und fremden Erfahrungen, die sich als unterschiedliche Perspektiven auf *das* Leben gezeigt haben. Denn in *dem* Leben sind unser alle Leben enthalten. Und wir finden *das* Leben nur, wenn wir die einzelnen, uns begegnenden Menschenleben wahrnehmen und achten. Helft euch gegenseitig dabei, die Unterschiedlichkeit der Menschen zu achten und dabei das Staunen nicht zu verlernen. Denn Leben hat für uns Menschen immer zu tun mit Beziehungen zu anderen Menschen und Gedanken; und ein glückliches Leben ist ein Leben in Beziehungen der Liebe. Jesu Heilandswerk ist das immer neue Herstellen von solchen Lebensbeziehungen, damit wir nicht in der Beziehungslosigkeit versinken. Einen Sinn über sich selbst hinaus hat das Leben nicht, so wenig Freude und Glück über sich hinaus einen Sinn haben. Sie sind zweckfrei in sich, sind selbst der gesuchte Sinn. Damit ist's und damit haben wir Menschen genug.

IV.

Wer dazu kommen will, den Sinn des Lebens im Schönen *und* im Schweren zu finden, der wird Salomo und Hiob folgen können – und zu Jesus von Nazareth gelangen. Die religiösen Führer seiner Zeit haben ihn verworfen, weil er nicht zu dem Bild vom Messias passte, das sie sich gemacht hatten. Aber in dieses Bild passte er nicht, weil es ihm nicht um politische Herrschaft ging. Es ging ihm um das Menschsein-Können. Die Titel Gottes Sohn, Messias, Heiland sagen über Jesus wenig aus gemessen daran, dass er wirklich *Mensch* war. Das zu sein, war Gottes Auftrag für ihn. An ihn weise ich euch und mich. Er ist nicht nur Vorbild. In ihm hat Gott selbst Genüge gefunden daran, Mensch zu sein.

Darum lernen wir Menschsein mit Jesus. Und seiner Verheißung gemäß lernen wir mit ihm dann auch, irgendwann einmal Ruhe zu finden. Sie wird dann gefunden sein, glaube ich, wenn wir gegenüber unserem Menschsein keine Vorbehalte mehr empfinden, wenn wir es also weder abwerten noch überbewerten wollen, sondern wenn wir es einfach gut finden, Menschen zu sein, ganz irdische Menschen: »von der Frau geboren« als sterbliche Wesen. Denn ein Grund dafür, unser Menschsein gerne anzunehmen, hängt mit dem zusammen, was auch Hiob erwähnenswert fand: »dass der Mensch von der Frau geboren« ist. Dass Gott es so gewollt hat, dass menschliches Leben mit der liebevollen Umarmung von Mann und Frau anfängt, das macht das Menschsein liebenswert. Es weist uns aber auch darauf hin, dass Leben und Lieben in ihrem Ursprung zusammengehören. Die Bibel ist es, die uns auf Schritt und Tritt auf diesen Zusammenhang weist. Und darum gilt meine letzte Empfehlung dem Lesen der Bibel. Haltet sie in Ehren und lest in ihr, offen und kritisch – und lasst die Kirche im Dorf.

Und wenn ihr mögt, sagt dazu: Amen.

Mit und von Gott als Freund reden

Sonntag Rogate, Kirche zur Heimat Berlin-Zehlendorf am 8. Mai 1983, Hochschulgottesdienst der Kirchlichen Hochschule Berlin; 2. Buch Mose 32,7-14

I.

Wenn wir biblische Geschichten wie diese hören, ist es wichtig, darauf zu achten, mit wem wir uns vom Gefühl her beim Hören oder beim Wiedererinnern verbinden. Wenn ich es richtig sehe, steht, wenn wir die Geschichte vom »Tanz um das goldene Kalb« erinnern, im Allgemeinen das Gotteslästerliche im Vordergrund. Wir sehen diesen Tanz und seine Folgen dann gewissermaßen aus Gottes Sicht, also von oben herab, blicken auf das halsstarrige Volk, das keine Geduld hatte und keinen Glauben, bei jeder besseren Gelegenheit von Gott abgefallen ist und sich seinen eigenen Gott gemacht hat. Und diese Sicht schließt ein, dass das Volk Strafe verdient, wenn es so etwas tut. Daraus folgerten dann die Prediger, die Christen sollten treu im Glauben bleiben, jede und jeder Einzelne sollten aufpassen, dass sie nicht – gewollt oder ungewollt – um goldene Kälber tanzen, statt an Gott ihre Freude zu haben. Und schließlich: Weil Gold vordergründig nur Wohlstand darstellte, sind viele Predigten über den Tanz ums goldene Kalb zur platten Wohlstands-Schelte geraten. Auch bei solchen Schelt- und Drohpredigten ist wie selbstverständlich durch eines ärgerlichen *Gottes* Augen geschaut worden, herab auf das Volk.

Doch dieser Blick hilft uns gar nichts. Denn wir gehören doch selbst zum »Volk«. Soll uns die Geschichte etwas Hilfreiches sagen, ist es eher ratsam, zu versuchen, jenes Volk von damals zu verstehen. Und außerdem müssen wir uns in die Gottesvorstellung hineinbegeben, die diese Menschen damals hatten, und beachten, dass sie Gott in vielem, ja, in sehr vielem als jemanden wahrgenommen haben, der nach Motiven handelt wie sie selbst.

II.

Zuerst stellen wir die vorgelesene Erzählung in den Rahmen hinein, in dem sie überliefert ist. Die Israeliten waren schon lange unterwegs auf dem Zug von Ägypten, dem »Sklavenhaus«, ins gelobte Land Palästina. Auch der längste Atem wird in der Wüste kurz. Keiner weiß genau, an welchem Punkt der vierzigjährigen Wüstenwanderung wir uns diese Geschichte denken sollen. Klar aber ist, dass es irgendwann geschah, als ein Zurück nicht mehr in Frage kam und als vom Ziel noch nichts zu sehen war. Es gab nur die alten Worte, die alten Verheißungen, und während der Wanderschaft vollzog sich durch Sterben und Geborenwerden allmählich unter den Wandernden ein Wechsel von Vätern und Müttern zu Söhnen und Töchtern. Da wanderte also längst schon zur Hälfte eine neue Generation.

Und mitten in der Wüste geht Mose, der Mann, der sie auf Gottes Weisung aus Ägypten herausgeführt hatte, auf den Berg Sinai und kommt nicht wieder. Vierzig Tage lang nicht. Das Gesetz Gottes hatte er holen sollen. Aber je länger er ausblieb, desto unerträglicher wurde das Bewusstsein, dass sie rettungslos waren ohne den, der sie bisher geführt hatte. Der Mann, um den sich alles drehte, der gewissermaßen Gottes Gegenwart mit sich hatte, weil er Gottes Worte aussprach, der Mann, ohne den auch Aaron nichts sagen konnte – er hatte das letzte bißchen Gott-Geborgenheit mit sich weggenommen.

Geborgenheit ist, wo eine Mitte ist, Geborgenheit ist da, wo etwas ist, woran man sich halten kann. Und weil Mose diese Mitte mit seinem Weggang mit weggenommen hat, schafft sich das Volk einen Ersatz. Ihr Teuerstes, ihren Schmuck, der den Neuanfang im gelobten Land sichern sollte, geben die Menschen her, schmelzen ihn zusammen, den Schmuck, und sich selbst wohl auch, machen ein rundes Etwas daraus. Und das können alle anfassen, das glänzt, und es sieht wie ein Kälbchen aus – »rund« und »Kalb« kommen im Hebräischen vom selben Wort her. Und dann lassen sie sich nieder, essen und trinken, leben also, stehen auf und tanzen, genießen das Leben trotz ihrer Angst inmitten der leeren Wüste. Und weil sie Gott ja gar nicht los sein, sondern im Gegenteil ein Zeichen seiner Nähe haben wollen, kommt jemand auf die Idee, zu sagen: Dann ist dieses schöne Runde eben das Zeichen für die Gegenwart Gottes. Sie bringen Opfer dar und feiern Gottesdienst für den Herrn, der sie aus Ägyptenland geführt hat. Sie glauben, nun sei er wieder in ihrer Mitte – auch ohne Mose. Sie feiern eine Lebensfantasie, ihre Zukunft.

III.

Auf die Idee, zu Gott zu beten, zu ihm zu schreien, dass er sich doch als gegenwärtig zeige, kommen sie nicht mehr. Ohne Mose, ihren Gottesmann, ging das wohl auch nicht. Aber der redet längst mit Gott über diese Geschichte. Und Gott redet mit Mose, wie einer mit seinem Freund redet, heißt es ein Kapitel weiter. Wenn einer zornig ist, braucht er vor seinem Freund auch das nicht zu verbergen. Und Gott verbirgt seinen Zorn nicht. Mose weiß, woran er ist. »Sieh dir dein Volk an, was es da tut!«, sagt Gott. »Dein Volk«, sagt er zu Mose. So als habe er, Gott, nichts mehr mit dem Volk zu tun. Denn Gott sieht in diesem merkwürdigen Gottesdienst der Israeliten einen Rückfall ins Heidentum: Sie haben Hilfe gesucht in ihrer Not bei den eigenen Schätzen, bei sich selbst, sie haben versucht, Gott dingfest zu machen, wie die Heiden. Und dagegen muss Gott die Grenze ziehen; er will sie drastisch sichtbar machen: ›Stör' mich nicht in meinem Zorn! Laß sie mich strafen, Mose! Rede mir nicht herein in meinen Zorn!‹ Und Gott versucht Mose, indem er sagt, er wolle die Kalbumtänzer vernichten – und die alten Verheißungen mit Mose und seiner Familie allein verwirklichen. Dann würde Mose der neue, ganz große Mann Gottes sein: Nicht nur Herausführer und Gesetzesüberbringer, sondern auch noch Erzvater, neuer Noah und Segensträger in einem!

Welche Versuchung, plötzlich der Beste, der einzig Gute zu sein! Aber Mose will nicht. Mose gehört zum Volk, um das es geht. Auch er redet nun mit seinem Gott als Freund, also deutlich. Anflehen gehört zu diesem Reden unter Freunden ja durchaus hinzu. Und mit seinem Anflehen redet er Gott nun doch in dessen Zorn hinein. Er lässt ihm keine Ruhe: »Warum entbrennt dein Zorn gegen dein Volk, das du doch aus Ägyptenland herausgeführt hast?« Da hat Gott es wieder zurück, das Volk. ›Mein Volk ist dein Volk. Ich habe es in deinem Namen geführt‹, sagt Mose. Und dann spricht er Gottes Ehre an. Ein Freund hat eine Ehre: Und mit dessen Ehre steht und fällt auch die eigene Ehre. Die muss geschützt werden. Auch um seiner selbst willen will Mose, dass Gott, sein Gott, einen guten Namen auch bei den Heiden behält. Was wäre das denn für eine Ehre: ›Erst führst du uns heraus aus Ägyptenland, und dann vertilgst du das Volk. Sie werden dich hinterhältig nennen!‹, fürchtet Mose. ›So werden wir gerade kein Segen für die Völker sein. Und das sollen wir doch seit Abrahams Tagen – nach deinem eigenen Willen, Gott!‹

Wie ein Beichtvater rät, bittet Mose: ›Kehr um, Gott! Lass ab, Gott!‹ Und da steht im Hebräischen dasselbe Wort, als wenn Mose sagen wollte: ›Tu Buße, Gott! Wende dich von deinem Zorn ab, Gott‹, sagt er, ›denk an deine alten Verheißungen. Die können doch jetzt in der Wüste nicht einfach versanden!‹ »Da ließ sich der Herr das Unheil gereuen, das er seinem Volk hatte tun wollen.« Jetzt ist es wieder sein Volk, und damit ist es vor Gott gerettet.

Gott lässt als Freund mit sich reden. Ja, Gott lässt überhaupt mit sich reden. Gott bereut das geplante Unheil und lässt sich zum Guten bewegen durch das Flehen des Menschen. Das ist die gute Botschaft.

IV.

Vielleicht hat mancher von euch nun schon beim Zuhören gedacht, hier werde von Gott viel zu menschengestaltig gesprochen. Eine Reue Gottes?! Ist das nicht viel zu menschlich geredet? Nein, die Bibel redet mehrmals von Gottes Reue zum Guten. Zum Guten hin ist bei Gott alles möglich, auch eine eigene Kehrtwendung. Und deshalb können wir, wo es ums Beten geht, gar nicht menschlich genug mit Gott reden. Bereuen müssten wir nur, was wir im Herzen verschließen und Gott nicht sagen. Denn das Beten soll ja geschehen, »wie einer mit seinem Freund redet«. Und Jesus hat uns »Abba«, »lieber Vater«, ja, geradezu »Papa« zu Gott sagen gelehrt. »Gott will uns damit locken, dass wir glauben sollen, er sei unser rechter Vater und wir seine rechten Kinder. Auf dass wir getrost und mit aller Zuversicht ihn bitten sollen, wie die lieben Kinder ihren lieben Vater.« Das hat Martin Luther dazu gesagt.

»Getrost und mit aller Zuversicht«, nicht ängstlich. Nicht mit einem Herzen, in dem alle menschlichen Gedanken erst ermordet werden, bevor wir reden. Im Reden mit Gott hat alles Platz, was in uns ist, selbst eine so menschliche Sorge um Gottes Ehre und Ruf, wie wir sie bei Mose kennenlernen – wobei nicht übersehen werden darf, dass hinter dieser Sorge auch die Angst um den eigenen Ruf gestanden haben wird. Aber im Beten darum, dass sich Welt und Menschen zum Guten entwickeln, sprechen sich Liebe aus und Geschwisterlichkeit.

Mit Liebe und Geschwisterlichkeit sind wir der Zukunft nahe, auch wenn es Gottes Geheimnis bleibt, wie er sein Reich vollendet und was wir während unserer Weltzeit davon zu sehen bekommen. Beten kommt aus der Gewissheit, dass weder Gott sich selbst genügt, noch dass die Welt einem blinden Schicksal ausgeliefert ist. An diese Gewissheit kann uns unsere Taufe erinnern, durch die wir alle zum Beten mündig gemacht, ja, ordiniert worden sind. Zum Beten bedarf es keiner Vorbeter mehr wie damals, und darum brauchen wir uns auch nicht zu verschmelzen, um eine Mitte zu haben. In der Gemeinde ist Christus mitten unter uns. Er ist die Mitte.

Doch wir dürfen uns nicht zu sicher sein – vor uns selbst. Das dringlichste Gebet bleibt, dass Gottes Wille geschieht – auch im Blick auf das, was *wir* wollen, auch und gerade mit dem, was wir für gut halten. Darauf weist uns der Fortgang der Geschichte vom Gespräch Gottes mit Mose hin. Da wird nämlich erzählt, dass Mose, als er vom Berg heruntergekommen war und sein Volk sah, wie es noch um das Kalb tanzte, selbst von einem furchtbaren Zorn auf das Volk ergriffen worden ist. Und der Zorn riet ihm nur eins: zu töten. In diesen Zorn hat dann leider niemand mehr als Fürsprecher des Volkes hineingeredet. Und er selbst hatte sein Gespräch mit Gott und dessen Reue zum Guten schon wieder vergessen. Jetzt, hier unten, war *er* Gott, und zwar der alte, rächende Gott. Zusammen mit den Leviten hat er dreitausend Kalbumtänzer getötet, eigenhändig, gnadenlos. Und keiner dieser Tode hat ihn zur Umkehr gebracht. Das war wohl zur Ehre Gottes gedacht – und zur eigenen gemacht.

Gott hat sich des Unheils gereuen lassen, das er im Sinn gehabt hatte, hat das Volk aus Gnade verschont. Ich könnte auch menschlich sagen: Er hat sein Herz wieder entdeckt und einen gewaltigen Entwicklungsschub durchgemacht. Der ›Mann Gottes‹ aber blieb in der Rechthaberei und im Zorn gefangen. Diese Diskrepanz ist noch größer geworden, nachdem Jesus gekommen war und an die Stelle der Gnade Gottes die *Liebe* Gottes zu den Menschen gesetzt hatte. Später, in der Kirchengeschichte, standen sich immer häufiger Jesu Gottesvorstellung vom Liebhaber des Lebens und das Gottesbild der Kirchen gegenüber, in dem der zornige Gott dominierte. Und oft genug lässt sich belegen, dass die Versuchung, zornig wie der *alte* Wüstengott zu sein, der schon Mose erlegen war, auch die Kirchen fest im Griff hielt. Im Zorn konnte noch jeder Dorfpfarrer den abhängigen Menschen gegenüber wie Gott erscheinen.

Es ist erfreulich, dass das moderne Kirchen-»Volk« vor noch gar nicht langer Zeit angefangen hat, zwischen Jesu Gottesbotschaft und den in ihren Dogmen erstarrten Kirchen zu wählen. Sehe ich es recht, bekommt Jesus dabei endlich wieder eine Chance, unsere Mitte zu sein – weil er das Bild Gottes in den verwandelt hat, der als unser Freund auf unserer Seite ist. Von diesem Freund zu reden macht auch uns füreinander ganz von selbst freundlich.

Dank an Thomas,
der wollte, dass der Auferstandene sich ihm zeigt

Semestereröffnungsgottesdienst der Kirchlichen Hochschule Berlin am 17. April 1990 in der Kirche zur Heimat in Berlin-Zehlendorf; Johannes 20,19-31

Der Name »Thomas« bedeutet im Aramäischen dasselbe, was »Didymus« im Griechischen bedeutet: Zwilling. Doch merkwürdig: Obwohl das Johannesevangelium das ausdrücklich betont, wird nirgends eine Zwillingsschwester oder ein Zwillingsbruder von Thomas erwähnt. In dieser Tatsache, denke ich, könnte eine Aufforderung an uns Bibelleser- und HörerInnen stecken. Und sie lautet: Begreife, liebe Leserin, begreife, lieber Hörer, dass Thomas nicht nur Zwilling heißt, sondern Zwilling ist: Christenzwilling, deiner und meiner; er ist ein Stück von uns und unser Ebenbild zugleich. Und wenn jetzt alles gutgeht mit unserem Reden und Hören, wird Thomas dir wie mir am Ende sogar als ein wahrer Heiliger erscheinen. Ihn einen Ungläubigen zu schelten, wie es das Sprichwort tut, wird uns dann jedenfalls nicht mehr in den Sinn kommen.

I.

Nach dem Johannesevangelium ist Thomas, unser Zwilling, weder am Wettlauf von Petrus und Johannes zum leeren Grab (20,1-10) beteiligt noch dabeigewesen, als der Auferstandene sich Maria Magdalena zu erkennen gegeben hat (20,11-18). Ja, selbst am Abend des Ostertages, als die Jünger von der Angst davor, ihrem Herrn auf dem Kreuzweg folgen zu müssen, umzingelt waren und hinter ihren Barrikaden saßen, ist Thomas nicht dabeigewesen. Es ist müßig, Vermutungen anzustellen, warum das so gewesen sein könnte. Wichtig ist, zu sehen, dass es ihm deshalb, weil er nicht dabeigewesen ist, dann so erging, wie es uns ergeht mit diesen ersten Ostergeschichten: Wir können sie uns nur erzählen lassen, können sie lesen, sie uns auch vorstellen und ausmalen. Aber durch all das kommen wir nicht in sie hinein. Wir leben im Blick auf sie wie unser Zwilling – immer schon vom Hörensagen. Und das ist eine schwierige Lage.

Denn überall, wo wir auf das Hörensagen allein angewiesen sind, fehlt uns das Sehen. Es fehlt uns, weil wir es brauchen, um Wirklichkeit in ihrer ganzen Gestalt wahrnehmen zu können. Dass das so ist, belegen auch unsere Ostergeschichten; ja, sie belegen, dass das Sehen gerade für den Glauben der Christen an den auferstandenen Christus von allergrößter Bedeutung gewesen ist: Den Auferstandenen sehen und an den Auferstandenen glauben, das gehört im ganzen Neuen Testament zusammen. Da, wo wir sagen, er sei diesen oder jener »erschienen«, ist zu lesen: Er hat sich gezeigt, er hat sich sehen lassen in seiner neuen Gegenwart und veränderten Gestalt. Das leere Grab, in dem niemand mehr zu sehen gewesen ist, hat keinen Glauben erzeugt (20,8). Maria Magdalena glaubt dagegen, weil »sie den Herrn gesehen« hat (20,18). Doch als sie sich gewissermaßen auf dem Absatz umdreht und den Jüngern nun mit dürren Worten sagt, was sie, *wen* sie gesehen hat, vermag das ihnen schon wieder keinen Glauben mehr zu erwecken. Sie kommt mit ihren Worten in die Angst und Depression der Männer nicht hinein.

Das schafft nur der Auferstandene selbst. Ohne Umschweife durchbricht er die Angst-Barrikaden. Weil er ganz unbedingt bei ihnen ankommen will, gelangt er in ihre Mitte und spricht den Jüngern Frieden zu. »Und als er dies gesagt hatte, zeigte er ihnen die Hände wie auch die Seite« und gibt sich so als der auferstandene Gekreuzigte zu erkennen. »Da« – erst da! – »wurden die Jünger froh«, da, »als sie den Herrn sahen«. Nun ist er wirklich bei ihnen angekommen, jetzt ist er in ihrer Mitte und zugleich ihre Mitte. Was sie jetzt erfahren, wird sie als neue Gewissheit auch in Zukunft zusammenführen und zusammenhalten: »Wo zwei oder drei in meinem Namen versammelt sind, da bin ich mitten unter ihnen« (Matthäus 18,20). Erst jetzt, als sie selbst den Herrn sehen, wie Maria Magdalena ihn gesehen hat, fängt die Angst an zu vergehen, ist, an der Freude erkennbar, Osterglaube da. Jetzt erst kann Christus damit beginnen, »die Welt«, für die es Auferstehung zwar als Gedanken, nicht aber als Wirklichkeit gibt, auch bei den Jüngern zu überwinden (Johannes 16,33).

II.

Aber noch nicht bei Thomas, unserm Zwilling; denn er ist nicht dabeigewesen. »Die anderen Jünger sagten ihm nun: Wir haben den Herrn gesehen. Er aber sagte zu ihnen: Wenn ich nicht an seinen Händen das Mal der Nägel sehe und lege meinen Finger in das Mal der Nägel und lege meine Hand in seine Seite, werde ich (es) nicht glauben.« Es ist anzunehmen, dass sich die anderen viel Mühe gegeben und beteuert haben: ›Doch, Thomas, du kannst uns glauben, es war so! Wir, immerhin selbst schon elf an der Zahl, haben den Auferstandenen gesehen. Und andernorts sollen mindestens noch 500 weitere Zeugen sein, denen er erschienen ist.‹ (1. Korintherbrief 15,5-8) Es hat alles nichts geholfen. Thomas hat darauf bestanden, dass der Auferstandene sich auch ihm zu erkennen geben müsse, und zwar nicht als irgendwer, sondern eindeutig als derjenige, der am Kreuz gestorben ist.

Es ist ein Segen, dass Thomas standhaft geblieben ist. Doch es ist auch ein Segen, dass Thomas begriffen hat, der Auferstandene werde selbst dann, wenn er ihm Recht geben sollte in seiner Beharrlichkeit, nur in der Mitte der Jüngergemeinde anzutreffen sein. Am Sonntag nach Ostern ist Thomas deshalb in der Gemeindeversammlung dabei. Und da ereignet sich wieder dieselbe Geschichte: »Jesus kam, als die Türen verschlossen waren, trat in die Mitte und sprach: Friede sei mit euch!« Sie sind noch lange nicht frei von Angst. Und wie der Auferstandene den elf anderen seine Hände und die Seite mit den Martermalen gezeigt hatte, so zeigt er sie nun auch Thomas. Und fügt hinzu: Werde nicht ungläubig, sondern gläubig! Oder anders ausgedrückt: Bleibe nicht ungläubig, werde gläubig! Da hat Thomas gar nicht lange überlegen müssen. Sofort ist sein Bekenntnis heraus: »Mein Herr und mein Gott!« Und der Auferstandene bestätigt mit seiner Antwort, dass es mit dem Osterglauben des Thomas genauso gewesen ist wie bei den anderen vor ihm: »Weil du mich gesehen hast, hast du geglaubt.«

Damit ist die Ostergeschichte zu Ende. Thomas, unser Zwilling, ist zum Zeugen des Auferstandenen geworden, hat ihn gesehen. In dieser Beziehung hat Thomas nun aufgehört, unser Zwilling zu sein. Und der Auferstandene, der eben noch Thomas angeredet und ihm bestätigt hat, dass Glauben und Sehen zusammengehören, macht mit dem ganzen Evangelium eine Wendung hin zu den Menschen, die nach Thomas kommen und keinen Zutritt mehr zum Kreis der Apostel haben, und sagt: »Selig sind, die nicht gesehen und doch geglaubt haben.« Und der Evangelist, der alles aufgeschrieben hat, fügt hinzu, es sei ja alles aufgeschrieben worden, damit wir Späten glauben, »dass Jesus der Christus, der Sohn Gottes, ist«, und durch diesen Glauben in seinem Namen Leben haben.

III.

Ja, das hören wir wohl. Aber du, lieber Evangelist, möchten wir da antworten, wir sind doch keine anderen Wesen als die Apostel! Wie soll denn unser Osterglaube zustande kommen, ohne den Auferstandenen gesehen zu haben?! Wie soll es denn heute aus Worten allein wachsen, was damals aus der leibhaftigen Gegenwart des Auferstandenen gewachsen ist?! Und da springt uns auch schon Thomas wieder als unser Zwilling bei und leiht uns die energischen Worte: ›Wenn wir dich, den auferstandenen Gekreuzigten, nicht sehen, werden wir nicht glauben.‹ Danke, Thomas. Vielleicht hätten wir solche Worte nicht zu sagen gewagt, wenn du sie uns nicht vorgesprochen hättest. Und vielleicht würden wir ohne dich gar nicht ernst genug nehmen, dass viele, ja, sehr, sehr viele Menschen um uns herum ähnlich denken und sprechen. Doch – was machen wir mit aller Widerrede, die sich mit Worten allein nicht zufrieden gibt, weil sie *sehen* will? Gibt es für sie Antwort, so wie es für Thomas Antwort gegeben hat – im Sehen?

Ehe wir nach dieser Antwort weiterfragen, sollten wir des Thomas eigene Worte aber noch einmal kurz betrachten. Thomas hat nämlich nicht nur darauf bestanden, dass auch er sehen können möchte. Er wollte vielmehr durch den eigenen Augenschein sicher sein, dass der Auferstandene mit dem Gekreuzigten identisch ist. Dass der Weg Jesu, der in den Augen der Welt ins Verderben geführt hat, durch Gottes Auferweckungstat als der Weg zum Leben bestätigt worden ist, das wollte Thomas sehen, als er darauf bestanden hat, am Auferstandenen die Wundmale sehen zu wollen. Oder noch deutlicher gesagt: Thomas wollte Klarheit darüber haben, ob diejenigen, die in der Nachfolge mit Jesus sterben, mit ihm auch leben werden. Thomas hat diese Klarheit gefunden.

IV.

Im Johannesevangelium gibt es am Schluss einen »Nachtrag von späterer Hand«, wie wir sagen. In ihm wird unter anderem erzählt, dass der Auferstandene den Jüngern nach einem wunderbaren Fischzug ein Mahl bereitet und sie eingeladen hat: »Kommt, haltet das Mahl« (21,12). Er setzt damit die Mahlgemeinschaft mit seinen Jüngern fort, die sie täglich verbunden hat. Da wir annehmen können, dass die Christen am Ende des 1. Jahrhunderts schon eine gemeinsame Mahlfeier als Ritus hatten, werden sie dabei auch der Mahlfeiern gedacht haben, die Jesus mit seinen Jüngern während der Zeit ihrer gemeinsamen Wanderschaft gehalten hat. »Kommt, haltet das Mahl!« war das Stichwort, das von ihm in Erinnerung war. Und so ist es bis heute. Das ist der eine, der gottesdienstlich-symbolische Weg, dem Auferstandenen heute zu begegnen.

Im selben »Nachtrag von späterer Hand« wird berichtet, wie der Auferstandene den Petrus als Hirten seiner Herde einsetzt und ihm eine Prophezeiung macht. Seine Jesusliebe, sagt Jesus, werde ihn nicht nur auf Wege führen, die er sich selbst aussuchen werde, sondern »ein anderer wird dich gürten und dahin führen, wohin du nicht willst« (21,18). Gemeint ist der Weg aller Sterblichen, in den Tod. Aber die Prophezeiung meint auch den Weg hin zur schonungslosen Wahrnehmung all der elenden Menschen, die nicht in die Hochglanzbilder der schönen bunten Welt passen, weil sie all unserer Sattheit zum Trotz hungrig, durstig, auf der Flucht, fremd, ohne Kleidung, krank und in Gefangenschaft sind und ohne ein lebendiges Zeichen der Liebe Gottes darin umkommen. Im Gleichnis vom Weltgericht bei Matthäus (25,31-45) hat sich Jesus mit diesen armen Menschen identifiziert: ›Was ihr denen Gutes getan oder verweigert habt, habt ihr mir getan oder verweigert.‹ Wenn wir den Auferstandenen sehen wollen, müssen wir *sie* wahrnehmen, ansehen. *Sie* tragen die Wundmale des Gekreuzigten, auf denen Thomas als Ausweis der Glaubwürdigkeit des Auferstandenen bestanden hat. In ihnen den Auferstandenen zu sehen, das ist der zweite Weg, dem Auferstandenen heute leibhaftig zu begegnen. Vielleicht aber entdecken wir diese Wundmale auch in der eigenen Seele oder am eigenen Leibe. Dann ist es Zeit, um Hilfe zu rufen und die Deckmäntel der Unversehrtheit fallen zu lassen.

Spätestens jetzt merken wir, dass Thomas nicht nur unser Zwilling ist – im Bemühen darum, auch für uns Glauben und Sehen zusammenzuhalten. Er ist mehr. Weil er sicher sein wollte, dass Gott nicht eine traditionelle Messiasgestalt, sondern den *gekreuzigten Jesus* auferweckt hat, den, in dem das Menschsein neu und voll unbedingter Liebe erschienen ist, ist er ein wahrer Heiliger der Kirche geworden. Die Frage ist nur, ob die Kirche, die Thomas repräsentiert, auch diejenige ist, die *wir* wollen. Die Kirche, deren Heiliger Thomas ist, trägt als Leib Christi die Wundmale vom Kreuz. Und ich fürchte, gerade diese Kirche, die sich für Christi unbedingten Liebes- und Friedenswillen auch blutig schlagen lässt, diese Kirche mögen wir nicht. Wir arrangieren uns lieber mit den politischen und gesellschaftlichen Systemen und legen dann, wenn diese gescheitert sind oder in ihren eigenen Zielvorstellungen ersticken, ein Standard-Reue-Bekenntnis ab.

Besser wäre es, unserem Auftrag zu folgen, der darin besteht, dass wir uns von dem Auferstandenen senden lassen, der Welt das neue Gesicht Gottes zu zeigen. Denn dann können wir sicher sein, dass auch unsere Zeitgenossen dem Auferstandenen begegnen. Eine Kirche, die ihrem Auftraggeber vertraut, lässt niemanden ohne Antwort auf die Frage, wo sich der Auferstandene heute zeigt und wie er sich mitten in dieser Welt sehen lässt. Denn sie ist der auferstandene Christus, »der als Gemeinde existiert« (Dietrich Bonhoeffer).

Und wer mag, sage dazu: Amen.

Eine wirkliche Ökumene
könnte den Nationalismus überwinden

Vorletzter Sonntag des Kirchenjahres (Volkstrauertag) 1989/90, Hochschulgottesdienst in der Kirche zur Heimat Berlin-Zehlendorf am 18. November 1990; 2. Korintherbrief 5,1-10, alttestamentliche Lesung: Jesaja 28,14-20

I.

Der Volkstrauertag ist kein kirchlicher Feiertag; er war 1920 vom Volksbund Deutsche Kriegsgräberfürsorge als Erinnerung an die Toten des Ersten Weltkrieges angeregt worden und wurde am Sonntag Reminiscere, also in der Passionszeit, begangen. 1934 hat ihn die nationalsozialistische Regierung Deutschlands in »Heldengedenktag« umbenannt. Um von dieser Tradition wieder loszukommen, ist der Volkstrauertag nach dem Zweiten Weltkrieg auf den Sonntag vor dem »Toten-« oder »Ewigkeitssonntag« verlegt worden. Der Volkstrauertag ist kein kirchlicher Feiertag, aber er ist ein Tag, den die Kirche nicht umgehen kann, wenn sie Volkskirche sein will.

Doch wenden wir uns nun Paulus zu. Im 2. Korintherbrief 5,1-10 heißt es:

Denn wir wissen: Wenn unsere irdische, (leibliche) Existenz wie ein Zelt abgebrochen (werden) wird, haben wir von Gott her eine Behausung, ein nicht mit Händen gemachtes ewiges Haus im Himmel. Weil wir das wissen, seufzen wir, solange wir in diesem irdischen Zelt wohnen, und sehnen uns danach, mit unserer Behausung aus dem Himmel (wie mit einem Gewand) überkleidet zu werden, wenn nämlich (nach unserem Glauben) gilt, dass wir selbst dann, wenn uns der Tod entkleidet, nicht nackt erfunden werden. Und so seufzen wir, solange wir in diesem (irdischen) Zelt sind, danach, dass das Sterbliche vom

Leben verschlungen werde. Doch wir sind zugleich voller Beschwernis, weil wir gar nicht erst entkleidet, sondern (lieber unmittelbar mit der himmlischen Behausung) überkleidet werden wollen. Doch der, der uns dazu berei-tet hat, (eben diesen schweren Weg zu gehen,) ist Gott selbst, und er hat uns im heiligen Geist ein Angeld (auf den Himmel) gegeben. Darum sind wir allezeit zuver-sichtlich – obwohl wir wissen, dass wir, solange wir im Lei-be unser Zuhause haben, noch vom Herrn entfernt, in der Fremde, leben. Doch: Durch den Glauben sind wir unter-wegs, aber nicht durch das Schauen. (Im Glauben) sind wir zuversichtlich und wünschen uns sogar nichts so sehr, als aus dem Leib auszuwandern und einzuwandern in die Heimat beim Herrn. Darum setzen wir unsere Ehre darein, ihm zu gefallen, wie zu Hause (im Himmel), so in der Fremde (auf Erden). Denn es muss (nach Gottes Willen) so sein, dass wir alle vor dem Richterstuhl Christi offenbar werden, damit ein jeder empfange je nachdem, was er in seinem irdischen Leben getan hat, Gutes oder Böses. (Freie Übersetzung mit Ergänzungen)

Die irdische Existenz der Korinther spricht der Apostel an. Denn diese irdische, leibliche Existenz war den Korin-thern so wichtig, dass sie sie nicht in den Tod hineinge-ben und von ihm zerstört werden lassen wollten. Aufer-stehung wollten sie deshalb nur im Glauben, nur im Geiste, ganz jetzt und hier geschehen lassen, aber nicht durch den wirklichen Tod hindurch, der unsere leibliche Existenz beendet. Das ewige Leben sollte uns hier wie ein neues Gewand umgehängt, unsere abbruchreife Zelt-existenz durch die neue, himmlische einfach überbaut werden.

Die Korinther haben ganz modern gedacht. Sie wollten durch die Auferstehung nichts wirklich Neues, sondern das ihnen Wichtige verewigt haben. Das kommt uns bekannt vor. Weil das so ist, haben wir Menschen seit eh und je Werte gepflegt, die das Ewige im Gegenwärtigen anschaulich, greifbar und unserer Verehrung zugänglich werden lassen. Zu solchen Werten bzw Größen gehört »Volk«, und seit noch gar nicht so langer Zeit auch »Nation«. Zu beiden hat sich »Land« gern hinzugesellt, und für nichts ist in der Geschichte so viel Blut vergossen worden wie für die Ausdehnung oder Sicherung bzw. Wiedergewinnung von Land und völkischer Freiheit.

II.

»Wir sind das Volk! Wir sind das Volk!«, haben die Leipziger und bald auch die Menschen in anderen Städten der DDR im vorigen Jahr gerufen und damit der Regierung, die vorgab, im Auftrag des Volkes und für das Volk zu handeln, die Legitimation entzogen. Wir, im anderen deutschen Staat, haben jenen Ruf des sich zu Wort meldenden Volkes begeistert aufgenommen. Mit dem Ruf »Wir sind das Volk!« hat die erste friedliche Revolution in Deutschland begonnen. Und das zählt, an diesem Ruhm wollen wir gerne Anteil haben.

Erwartet hatte solche – und zumal solch friedliche – Revolution niemand bei uns. Dass das unbewaffnete Volk in einer Lage, in der überall im Lande Waffenarsenale für Armee und Staatssicherheitsdienst bereitstanden, die Entscheidung zur Wende durch Verlassen des Landes und durch machtvoll-friedliche Demonstrationen erzwingen könnte, kam in keiner Lageeinschätzung vor. Der beste Beweis dafür ist, wie unvorbereitet, wie schnell und außerhalb jeder planenden Kontrolle sich die deutsche Einheit dann entwickelt hat. Das Volk als Größe, die Geschichte macht! Da hat auch die parlamentarische Demokratie das Staunen gelernt!

Das Volk – eine Kraft, deren Dynamik schon fast vergessen schien. Nicht nur bei uns, sondern in ganz Osteuropa melden sich die Völker auf der Bühne der Geschichte zurück und bringen mit der Wiederentdeckung der nationalen Eigenheiten die über ihnen errichteten staatlichen Gebilde und Bündnisse ins Wanken. Aber auch im Westen scheint, wie Großbritannien zeigt, der Kampf zwischen nationaler Selbständigkeit und einem wachsenden europäischen Staatsgebilde, das die nationalen Grenzen überschreitet, noch längst nicht ausgekämpft zu sein. Denn noch ist nicht klar, was wirklich im nationalen Interesse liegt.

Dass Volk und Nation nach wie vor Größen sind, die solche Kraft entfalten können, überrascht uns. Dabei hat es bei uns schon seit langem Erscheinungen gegeben, die davon zeugen, dass ›Volk‹ und ›Nation‹ nach wie vor Größen sind, die unter unterschiedlichsten Vorzeichen angesprochen und bis hin zu fanatischen Äußerungen aktiviert werden können; das reicht von der Absage an jede Vaterlandsidee auf der einen Seite bis hin zum Rechtsradikalismus und Ausländerhass auf der anderen Seite. Die spektakulären Wahlerfolge der »Republikaner« vor zwei Jahren haben deutlich gemacht, wie breit die geistige Landschaft ist, in der schnell auch wieder »Blut und Boden«-Parolen wachsen und ihre schlimmen Früchte bringen können – zumal die »Geilheit auf Gewalt« (so »Der Spiegel«) sich überall im Land ausbreitet.

›Volk‹ und ›Nation‹ sind schillernde Größen, die überall in der Geschichte Glanz und Elend im Gefolge haben. Davon zeugt selbst noch die Geschichte der ökumenischen Bewegung in Europa. Es ist erschütternd nachzulesen, wie sich diejenigen, die zu den Vätern dieser Bewegung gehören, beim Ausbruch des Ersten Weltkrieges voneinander und von den ökumenischen Bemühungen vorerst verabschiedet haben, um zu den Waffen zu eilen und gegeneinander zu kämpfen, weil nun das nationale Interesse und Gebot höher stand als alles andere. ›Volk‹

und ›Nation‹ haben samt dem dazugehörenden Land in Europa auch noch im 20. Jahrhundert religiöse Qualität! Damit hat sich durchgehalten, was Jacob Burckhardt schon im Blick auf das alte Griechenland herausgefunden hatte: Die wahre Religion ist die Polis, sind die eigene Volksgemeinschaft und ihr Staatswesen. Hitler hatte leichtes Spiel, weil er diese Art von Frömmigkeit in den Deutschen angesprochen und ausgebeutet, sich selbst zum Hohenpriester und nachgeordnet über eine Vielzahl von Institutionen ein allgemeines Priestertum aller arisch-gläubigen Deutschen errichtet hat.

III.

Wie die Landkarte auf der Erde zerteilt ist durch nationale Grenzen, entsprechend haben auch die Beter in den Kirchen Europas während der Weltkriege Gottes Schutz und den Sieg für die Söhne des jeweils eigenen Volkes herbeizubeten versucht. Und die Volkskirche hat sicher nicht zuletzt deshalb so lange eine Gunst im Volk gehabt, weil sie – um mit Paulus zu sprechen – die eigenen Wohnstätten schon hier mit der »Behausung aus dem Himmel« überkleidet hat. Der Tod auf dem Schlachtfeld sicherte den Toten in den Kirchen ein ›ewiges‹, oft sogar namentliches Gedächtnis auf den Ehrentafeln. Mit einem Christenleben in Friedenszeiten war solche ›Verewigung‹ nicht zu erreichen.

Der Volkstrauertag gibt der Volkskirche auch im vereinten Deutschland Gelegenheit, ihrer Verquickung mit der nationalen Geschichte dieses Volkes zu gedenken. Da gibt es vieles, wofür wir aus der Perspektive von heute danken können. Aber im Spiegel des 2. Korintherbriefes erscheinen auch die Konturen dessen, wovon wir uns um Gottes willen trennen mussten und müssen.

Von Trauer zu reden, hat aber nur Sinn, wo wir etwas lassen müssen, was wir eigentlich festhalten wollten.

Wenn Paulus von der Beschwernis spricht, die wir haben, weil wir »gar nicht erst (durch den Tod) unserer irdischen Existenz entkleidet, sondern lieber unmittelbar mit der himmlischen Behausung überkleidet werden wollen« (V. 4), so hat er Religion in einem Grundmotiv angesprochen: in dem Wunsch nach Verewigung. Am Ende des zweiten Jahrtausends zeigen sich vielfältige Formen jener Frömmigkeit, die »Religion« sagt, wenn sie Nation meint, und Religion praktiziert, wenn sie »Nation« sagt, und die Macht für sich will und Gewalt als Mittel nicht scheut, wenn das eigene Vorrecht in Frage gestellt wird. Am Ende des zweiten Jahrtausends wissen wir, dass diese Frömmigkeit, die das Eigene verewigen will, Macht und Gewalt nicht nur militärisch, sondern vor allem wirtschaftlich ausübt. Das lässt sich leicht an der Tatsache ablesen, dass wir der Dritten Welt, aber auch Osteuropa gegenüber bisher schamlos gegeizt haben mit wirklicher Hilfe, dass wir nun aber, wo es um Deutschland geht, aus dem Stand heraus mehrere hundert Milliarden aufzubringen bereit sind, egal ob mit oder ohne Steuererhöhung.

Dabei ist nicht die Hilfsbereitschaft ein Problem, sondern die Überbauung des Eigenen gewissermaßen mit ›himmlischen Behausungen‹, während wir zugleich bereit sind, alles, was fremd ist, prinzipiell anders, nämlich um Klassen schlechter, zu behandeln. Bedenken wir, dass wir im Glauben bekennen, dass Gott der Schöpfer aller Menschen ist und dass Jesus – nach Paulus – für alle am Kreuz gestorben ist, so bleibt als schreckliche Wahrheit des deutschen Volkes bestehen: Unsere Polis ist unsere wahre Religion. Und wie werden wir uns mit unseren Politikern erst sonnen, wenn wir als wiedervereintes Deutschland in zehn, zwanzig Jahren die jetzt zu bringenden Opfer verschmerzt haben, unangefochten »Weltmeister« im Export, im Sport und auf welchen Gebieten sonst noch sein werden! Ist dann »lauter Himmel hier«?

IV.

Paulus schaute auf den Richterstuhl Christi, vor dem wir alle nach seiner Vorstellung offenbar werden müssen, wenn er nach Korinth schrieb: »Darum setzen wir unsere Ehre darein, ihm zu gefallen« – nicht erst im kommenden Himmel, sondern schon jetzt auf der Erde. Das ist wichtig, gerade weil die Erde dem Himmel gegenüber »Fremde« ist. Weil wir vom Himmel durch die Botschaft von Jesu Auferstehung nur ein »Angeld« haben, weil wir also nicht durch das, was wir *schauen*, sondern durch den *Glauben* auf das Ziel zubewegt werden, bedarf es des Blickes auf den Richterstuhl Christi. Nicht, um Angst zu machen, sondern um zu erkennen, dass wir nicht verewigen können, was wir so gern verewigen möchten: das Vorrecht für uns. Pakte, die Vorrechte für die einen auf Kosten der anderen sichern wollen, sind von jener Art, wie Jesaja sie im 28. Kapitel beschrieben hat: »Pakte mit dem Tod« (V. 18). Der Blick auf den allen Menschen zugewandten Weltenrichter Christus hilft, schon jetzt den Weg zum Leben von solchem Irrweg zu unterscheiden, und hilft zu trennen, was zu trennen ist: das Reich Gottes und die Reiche dieser Welt einschließlich der eigenen Republik.

Kann ein ganzes Volk trauern über seine Irrwege und über die in seinem Namen angerichteten Gewalttaten? Wahrscheinlich nicht. Denn immer vermischen sich schon im eigenen Volk die Grenzen zwischen Tätern und Opfern. Es wäre aber schön, wenn die letzte Berechtigung, die unsere sogenannte Volkskirche hat, darin bestünde, dass wir Christen inmitten des Volkes trauernd Abschied nehmen von der deutschen Volks-Frömmigkeit und ganz entschieden auf eine ökumenische Kirchengemeinschaft zugehen. Nicht, um eine neue Klasse von Bevorrechtigten einzurichten, sondern um das neue Volk Gottes zu bezeugen, das Menschen ohne Ansehen der irdischen Volkszugehörigkeit mit Christus verbindet.

Doch dieses Zeugnis ist noch schwach unter uns, fehlt als ein wirkliches Signal, als schönes Werk, das Gott die Ehre gibt und auch der Politik dazu hilft, den Mantel des Religiösen abzulegen. Noch sind wir fromm vor allem in dem, was uns selbst frommt. Noch üben wir das Tragen der Lasten anderer weitestgehend untereinander. Noch sind wir nicht wirklich aufgebrochen, zu verstehen, warum andere überhaupt anders sind, anders glauben und anders leben als wir. Denn wären wir es, würden wir Gott danken für die Vielfalt der Lebensweisen, die sich entwickelt haben. Und dann könnten wir anfangen, mit Christen aus anderen Völkern Gottes Volk sein zu wollen und das Nationale als die tatsächlich gelebte Religion zu überwinden. Und vielleicht wäre dann irgendwann auch eine Ökumene denkbar, in der alle Religionen sich verbinden und ihre Mitglieder lehren, Menschen zu achten, einfach weil sie Menschen sind. Dazu helfe uns Gott.

Und jeder spreche dazu für sich selbst das Amen.

»Jesus schläft, was soll ich hoffen?«

Kantatengottesdienst am 4. Sonntag nach Epiphanias, Kaiser-Wilhelm-Gedächtnis-Kirche Berlin-Charlottenburg am 19. Januar 1991; Kantate BWV 81 »Jesus schläft, was soll ich hoffen?«; Matthäus 8,23-27

I.

Diese Kirche steht mitten in der Stadt. In der Stadt herrscht kein Krieg, aber hier wie anderswo auf der medienvernetzten Erde beherrscht der Golfkrieg die Gedanken, Gefühle und Gespräche der Menschen. Der Krieg ist weit weg, aber er ist in der Stadt. Vor allem junge Menschen sind es, die durch ihren Protest gegen den Krieg dafür sorgen, dass diese Welt nicht, wie es für uns bequem wäre, in zwei Welten zerfällt: dort Betroffene, hier Zuschauer. Die Welt ist *eine* Welt, und als diese eine Welt muss sie auch ausgehalten werden, wie sie ist: mit Ängsten und Hoffnungen oder auch ohnmächtiger Wut, mit Schmerzen und Tränen wegen jedes Menschenkindes, das jetzt stirbt und gequält wird oder sich zu Tode ängstigt und zu fliehen versucht – gleich auf welcher Seite. Doch auch mit Hass auf die, die sich, wie zu allen Zeiten, wenn es Krieg gegeben hat, die Hände reiben, weil sie aus Blut Geld machen und Macht. Auf allen Seiten. Und mit Scham, weil wir als Heizöl-, Gas-, Benzin- und Plastikverbraucher so furchtbar verstrickt sind in die Kriegsgründe.

Von Gott ist auch die Rede in der Stadt, mehr als sonst. Mag sein, dass viele zu den Friedensgebeten gehen, weil sie irgendetwas tun wollen, um ihre Angst mit anderen teilen und dadurch mindern zu können. Gelobt sei Gott, wenn es gelingt! – und wenn die Kirchen so vielen einen wirklichen Dienst tun können für ihre Seelen. Denn von vielen wird in diesen Tagen mit und von Gott so geredet, wie Sehende reden, wie Menschen reden, die bereit sind, die Welt und sich selbst ohne Illusionen zu sehen. Und das klingt dann etwa so, wie gleich die Kantate beginnen wird:

Jesus schläft, was soll ich hoffen?
Seh' ich nicht
Mit erblasstem Angesicht
Schon des Todes Abgrund offen?

Oder wie im ersten Rezitativ:

Herr! warum trittest du so ferne?
Warum verbirgst du dich zur Zeit der Not,
da alles mir ein kläglich Ende droht?

Bach hat diese Kantate für diesen Abend geschrieben, an dem wir beieinander sind. Das ist so wahr, wie es wahr ist, dass die Geschichten in der Bibel jeweils für eine bestimmte Zeit in unserem Leben eine ganz besondere Bedeutung gewinnen: dann, wenn sie uns ins Herz treffen. Und wen träfe diese Geschichte jetzt nicht: Die Erzählung von Jesus, der schläft, während es ringsherum stürmt und tobt, so dass plötzlich »des Todes Abgrund offen« steht! Wir leben noch, aber keiner weiß, ob Gott noch lebt, ob er nur schläft oder schon tot ist.

Nach Matthäus haben die Menschen den schlafenden Jesus um Hilfe angeschrien: »Herr, hilf, wir gehen unter!« Nach Markus haben sie ihm stattdessen den verständlichen Vorwurf gemacht: »Meister, kümmert es dich nicht, dass wir untergehen!?« Das sind Worte, wie Kinder sie ihren Eltern sagen, wenn sie zum ersten Mal erleben müssen, dass die allmächtig Geglaubten sich als hilflos erweisen.

Beides, der Schrei um Hilfe und der Vorwurf, uns ohne Hilfe zu lassen, gehört zusammen und kommt aus den beiden Seelen in unserer Brust. Denn gegenüber einem, der uns helfen könnte, aber ungerührt von unserm Elend bleibt, ist jeder Hilferuf zugleich Anklage: »Warum verbirgst du dich zur Zeit der Not...?« Das heißt doch: Weil du dich verbirgst, wird die Not zur Qual. Denn worauf sollen wir hoffen, wenn du weggetreten bist! Und weil wir uns von unserem sprichwörtlich »lieben Gott« gar nicht vorstellen können, dass er nicht hilft, obwohl er helfen könnte, kommen viele zu dem Schluss, dass Gott aus offensichtlichem Unvermögen in die Ferne weggetreten ist – und verabschieden ihn als Grund und Quelle ihrer Hoffnung endgültig.

II.

Liebe Gemeinde, dass Bach unsere heilige Schrift ausgelegt hat, ist nichts Besonderes. Aber wie er sie ausgelegt hat, ist von besonderer Art: nämlich aus der Seele hörend und redend. Und zwar aus seiner, aus unserer zerrissenen Menschenseele hörend und redend – und nicht in dem tollkühnen Versuch, aus Gottes Seele sprechen zu wollen. Weil er aus unserer Menschenseele die Schrift hört und auslegt, kennt er die Wirklichkeit, die uns peinigt, und weiß sie auch zu benennen:

Ein Christ soll zwar wie Wellen stehn,
Wenn Trübsalswinde um ihn gehn,
Doch suchet die stürmende Flut
Die Kräfte des Glaubens zu schwächen.

Dieses Soll, dass wir wie steile, hohe Wellen (oder Felsen) dazustehen hätten, wenn »Trübsalswinde um« uns gehn, kennen wir »zwar« – aber jeder weiß, dass der Anblick der Todesabgründe in der Welt eher dazu angetan ist, die »Kräfte des Glaubens zu schwächen«. Das gilt nicht nur für Kriegszeiten und -elend. Davon weiß jeder, der vergeblich um das Leben eines anderen Menschen gebetet hat, der erfahren musste, dass Gott schwieg, dass er in die Ferne, in die unerreichbare Ferne auf der Rückseite des Todes weggetreten war. »Mein Gott, mein Gott, warum hast du mich verlassen!« So schreit es in seiner Todesangst am Kreuz dann auch Jesus aus sich heraus, er, nach dem die Jünger in dem Höllensturm am kleinen See Genezareth geschrien hatten.

»Mein Gott, mein Gott, warum?« Wie oft ist so von Menschen gefragt worden? Wie viel Verlassenheit ist seit Anbeginn der Menschheitsgeschichte durchlitten worden! Verlassenheit ist der Schmerz, aus dem Trauer und Resignation, aber auch Wut und Zynismus kommen. »Er helfe sich selbst!«, haben die hilflosen Zuschauer bei der Kreuzigung Jesu gerufen, enttäuscht darüber, dass so gar kein Wunder geschah, an dem sie sich hätten erbauen können, sondern dass dieses Leben wie alle anderen, ja wie die elendsten der anderen, zu Ende ging.

In ihrer eigenen Verlassenheit haben sie nicht wahrgenommen, dass Jesus sich am Kreuz tatsächlich geholfen hat – gerade mit dem Schrei der Verlassenheit, den er seinem Gott entgegengeschrien hat! Und wie Jesus Hilferuf und Vorwurf rausgeschrien hat, so haben es auch seine Jünger getan, als sie ihn mit Hilferuf und Vorwurf aufgeweckt, ja: als ihren Retter auf*er*weckt haben. Und so tun es bis heute alle, die zu Gott in Klage und Anklage schreien.

III.

Gott hat gehört, was geschrien wurde, bezeugt die Schrift, und er hat von der Rückseite des Todes aus mit der Auferweckung Jesu auf seine mörderische Kreuzigung geantwortet. Er hat sie nicht gerächt. Er hat durch den Tod hindurch die neue Welt eröffnet und diese Botschaft in der Todeswelt verkünden lassen. Das ist das Wort der Hilfe, wodurch auch im Boot der Jünger »der Wellen Sturm, des Unglücks Nacht und aller Kummer fort« müssen, wie es in der Kantate heißt, so dass sie mit den Choralzeilen schließen kann: »Ob gleich Sünd' und Hölle schrecken, Jesus will mich decken.«

Das ist der Blick durch die Nacht hindurch, wie lange sie auch dauert, zum Morgen. Das ist die eine und einzige Perspektive, die wir, die Kinder und Eltern, als Hilflose gemeinsam aus unserem Glauben haben.

In der Bass-Arie werden wir nachher als das Wort, mit dem Jesus in der biblischen Erzählung das Chaos bändigt, hören:

Schweig, aufgetürmtes Meer!
Verstumme, Sturm und Wind!
Dir sei dein Ziel gesetzet,
Damit mein auserwähltes Kind
Kein Unfall je verletzet.

Der Krieg am Golf ist nicht nur aus dem Kampf ums Öl entstanden. Sondern da führen, hoffentlich zum letzten Mal in der Geschichte, die Angehörigen der großen monotheistischen Religionen Krieg gegeneinander. Da kämpfen noch einmal die durch die Logik ihrer eigenen politischen Strategien gekränkten Abrahamskinder Isaak und Ismael blutig ums Erbe. Noch einmal wird versucht, das religiöse Erwählungsbewusstsein militärisch als politischen Vorherrschaftsanspruch durchzusetzen. Und die Presse zeigt beide Präsidenten, wie sie beten und versuchen, Gott gegen Gott mit sich ins Feld zu führen.

Da es nur einen Gott gibt – wem soll er helfen? Welches auserwählte Kind soll unverletzt bleiben – und welches verletzt und von Bomben zerfetzt werden? Es ist Zeit, dass wir Menschen uns selbst auferwecken und aus den alten Gottesvorstellungen herauskriechen, die uns nahegelegt haben, Gott als verlängerten Arm unserer rücksichtslosen Strategien zu benutzen. Es ist Zeit, dass wir Gott aus dem blutigen Chaos der Religionsgeschichte herausnehmen und unsere Verantwortung für das, was wir getan haben und tun, übernehmen und der Politik deutlich sagen: Kein Kind, keine Frau, kein Mann und kein Tier soll für uns durch Krieg sterben oder gezwungen werden zu fliehen. Es ist Zeit, dass wir die alten Erwählungsvorstellungen verabschieden, die die Religionen und Völker immer wieder gegeneinander aufgebracht haben. Erst wenn wir das tun, erhält der Frieden eine wirkliche Chance – am Golf, in dieser Stadt und anderswo.

Und wenn ihr könnt, sagt dazu: Amen.

Den Krieg auf unseren Straßen beenden!
Schlosskapelle der Evangelischen Akademie Tutzing[1] am
27. Oktober 1991; 1. Buch Mose 22,1-14

I.

Während wir uns hier versammeln, weinen und klagen
auch seit diesem Wochenende wieder eine ganze Reihe
von Familien um Menschen, die sie durch Unfälle verloren haben, oder sie beten darum, dass Verletzte überleben
mögen. Es herrscht Krieg auf unseren Straßen, und er fordert Blutopfer wie jeder Krieg. Aber es kann keine Rede
davon sein, dass im Blick auf diesen Krieg energische Ab-
rüstungsmaßnahmen ergriffen würden. Im Gegenteil: Die
Maschine Auto erfährt unter allen anderen Maschinen
nach wie vor eine rational nicht begründbare Sonderbe-
handlung. Denn bei keiner anderen Maschine würden wir
es hinnehmen, dass im Umgang mit ihr jährlich allein in
unserem Land mehrere tausend Menschen sterben. Beim
Auto nehmen wir es hin. Das Auto wird ohne den Menschen im TÜV überprüft; seine Gefahren entwickelt es
aber erst, während es vom Menschen gesteuert wird.

Diese Beobachtungen zeigen, dass der Anspruch der
modernen Gesellschaften, human zu sein, in einem zen-
tralen Punkt der – nach Peter Sloterdijk – ›neu-zentauri-
schen‹ Existenz von uns selbst verhöhnt wird. Und auch
Gott wird gelästert, sofern man ihn bei Beerdigungen von
Verkehrsopfern als den dahinterstehenden Großen Willen
nennt (»nachdem es dem allmächtigen Gott gefallen
hat...«). Wie ist das aber zu begreifen, dass wir es dazu
haben kommen lassen? Die Bibel und die Literatur kön-

---

[1] Anlass war eine Tagung, die sich mit der Situation im Straßenverkehr
befasst hat. 1992 habe ich im Gütersloher Verlagshaus mein Buch
»Krieg auf unseren Straßen. Die Menschenopfer der automobilen Gesellschaft« veröffentlicht.

nen uns zum Spiegel werden, aus dem Erkenntnis kommt. Ich lese aus 1. Mose 22, aus der Erzählung von der »Opferung Isaaks«:

(Gott sprach zu Abraham:) »Nimm deinen Sohn, deinen einzigen, den du lieb hast, den Isaak, und gehe hin ins Land Moria und opfere ihn daselbst als Brandopfer auf einem der Berge« … Da bepackte Abraham am andern Morgen in der Frühe seinen Esel und nahm seine beiden Knechte und seinen Sohn Isaak mit sich; und er spaltete das Holz zum Brandopfer, machte sich auf und ging an den Ort, den ihm Gott genannt hatte … Als sie nun an die Stätte kamen, die Gott ihm genannt hatte, baute Abraham daselbst den Altar und schichtete das Holz darauf; dann band er seinen Sohn Isaak und legte ihn auf den Altar, oben auf das Holz. Hierauf streckte Abraham seine Hand aus und ergriff das Messer, um seinen Sohn zu schlachten. Da rief ihm vom Himmel her der Engel des Herrn zu: … »Lege deine Hand nicht an den Knaben und tue ihm nichts; denn nun weiß ich, dass du Gott fürchtest: du hast deinen Sohn, deinen einzigen, mir nicht vorenthalten.« Wie nun Abraham seine Augen erhob, sah er einen Widder, der sich mit seinen Hörnern im Gebüsch verfangen hatte. Da ging Abraham hin, nahm den Widder und opferte ihn als Brandopfer anstatt seines Sohnes.

(Zürcher Bibel 1931)

Dies ist eine von den Geschichten in der Bibel, die eine wesentliche Schwelle in der religionsgeschichtlichen Entwicklung markieren: Bis zu ihr hatte es *Menschen*opfer für Gott gegeben; *von ihr an* sollte es nur noch *Tier*opfer geben. Beim Blutopfer aber sollte es bleiben und bei der Logik, die sich mit ihm verbindet: Menschen sichern ihr Leben und Überleben, indem sie dem Herrn des Lebens etwas Lebendiges opfern. Das war die frühgeschichtliche

Konsequenz aus dem Glauben, dass das Leben uns nicht gehört.

Später, im Neuen Testament, kommt die Jesus-Geschichte als neue Schwellengeschichte hinzu. Die Theologen, die den Kreuzestod Jesu deuteten, stimmten der alten Logik des Blutopfers zwar zu. Aber dieser Tod markiert dennoch eine bedeutende Schwelle. Denn er sollte der letzte *Blutopfertod* sein. Er sei – wie es im Hebräerbrief heißt – *ein für alle Mal geschehen*, für die Sünden der ganzen Welt. In Zukunft sollte die kultische Erinnerung an dieses Geschehen ausreichen, um den Herrn des Lebens zu ehren. Das Leben sollte also nicht mehr durch ständig neue Lebensopfer gesichert werden.

II.

Doch der Tod Jesu hatte auch eine andere Seite, die sich um Theologie nicht kümmerte: die politische. Kaiphas, der Hohepriester, hatte geraten, einer solle für das Volk sterben. In diesem Sinn ist am Kreuz exemplarisch die Opferung eines Einzelnen durch die Mehrheit geschehen: Der eine Mensch wird zum strategischen Mittel, um der Mehrheit einen Vorteil zu verschaffen. Menschen opfern Menschen, um Menschenziele zu erreichen. Diese Art von Opfer ist der Kern dessen, was in frühen Opferkulten geschehen ist und in allen Kriegen bis heute geschieht. Und nicht selten wird dann sogar noch versucht, Gott in die Verfolgung dieser Ziele einzuspannen. Noch im Golfkrieg haben wir von beiden Seiten Bilder von betenden Präsidenten zu sehen bekommen.

Menschenblut für Menschenziele zu opfern, ist trotz des Kreuzes Christi ein überall anzutreffender Weg des Denkens und Handelns geblieben. In ihm haben sich Opferkult und Christentum aufs Schrecklichste verbunden. Theodor Storm hat 1888, in seinem Todesjahr, in der Novelle »Der Schimmelreiter« diese unheilige Allianz bloßgestellt:

Während der Deicharbeiten im November, als es galt, am alten Deich noch eine ungesicherte Schlucht zu schließen, sieht der Deichgraf Hauke Haien, dass irgendjemand einen kleinen Hund, der jammervoll schreit, in die Schlucht hinuntergeschleudert hat, wo er unter Stroh und Klei schnell lebendig begraben zu werden droht. Voller Zorn fordert der Deichgraf die Männer auf, den Hund heraufzuholen. »Aber es rührte sich keine Hand.« Daraufhin holte Hauke selbst den Hund. Einer warnt ihn: »…lasst es mit dem Hunde gehen!« Doch Hauke will keinen »Frevel« bei »unserem Werke« und will den Schuldigen zur Rechenschaft ziehen: »Wer hat die Kreatur hinabgeworfen?« Ein »stiernackiger Kerl« gibt ihm Antwort: »Ich tat es nicht, Deichgraf … aber der es tat, hat recht getan. Soll Euer Deich sich halten, so muss was Lebiges hinein!« Der antwortet: »›Was Lebiges? Aus welchem Katechismus hast du das gelernt?‹ ›Aus keinem, Herr!‹ entgegnete der Kerl, und aus seiner Kehle stieß ein freches Lachen. ›Das haben unsere Großväter schon gewusst, die sich mit Euch im Christentum wohl messen durften. Ein Kind ist besser noch; wenn das nicht da ist, tut's wohl auch ein Hund!‹« Hauke Haien nennt solche Worte »Heidenlehren«. Und doch steckt in ihnen etwas, was der Mann als Weisheit der Großväter zitiert und was alle außer dem Deichgrafen auch zu befolgen entschlossen sind. Ja, der »Kerl«, auf den Katechismus angesprochen, vergisst nicht zu betonen, dass sich die Großväter trotz dieser »Heidenlehren« selbst mit Hauke Haien »im Christentum wohl messen durften«.

Wir könnten schnell fertig werden mit Storms »Schimmelreiter« und sagen, dass eben Glaube und Aberglaube nahe beieinander liegen. Doch besser ist es wohl, diese spezifische Mischform von Frömmigkeit erst einmal zu verstehen bzw. zu fragen, was da wirklich geglaubt wird. Geglaubt wird von den Männern, dass in ein Bauwerk wie den Deich, der das Leben der Menschen schützen soll, von diesen Menschen selbst etwas Lebendiges hineingegeben werden muss. Am besten ein (junges!) Menschenleben, doch ein Hund »tut's wohl auch«. Ich nenne diese »Heidenlehre« ›fromm‹, weil das Wort ›fromm‹ ursprünglich »Vorteil«, »Nutzen« meint. Unsere Wendung, dass etwas jemandem »frommt«, hat die alte Bedeutung am besten festgehalten. Auf unsere Szene aus der Novelle bezogen, heißt das: Wo es um den Schutz von Menschenleben geht, da ›frommt‹ ein menschliches Werk nur, wenn »etwas Lebiges« hineingegeben, hineingeopfert wird. Die Formulierung »etwas Lebiges« stellt dabei bereits eine Konzession an die Situation dar: »Ein Kind ist besser noch« als ein Hund, denn ein Kind ist Menschenblut. Und genau darauf kam es bei der alten Blutfrömmigkeit eigentlich an.

III.

Das Wohl des Volkes ist in der modernen Wählerdemokratie, die auf Demoskopie und Fernsehinszenierung aufbaut, das Wohl vieler Einzelner, vieler Konsumenten. Wenn wir in solcher Gesellschaft von Verkehrsopfern reden, dann heißt das: Einzelne Menschenleben werden dem Wohl der Masse der Individuen geopfert, die ein angenehmes Leben haben wollen. Unter den Annehmlichkeiten aber steht die Automobilität an erster Stelle. Sie ist die säkulare Lesart von ›Heil‹. Und so lässt sich auch das eigentlich Unbegreifliche – dass wir nicht energisch genug gegen die Menschenopfer auf den Straßen vorgehen – begreifen.

Ehe wir uns darüber empören, sollten wir eine Frage stellen, die beantwortet werden muss, wenn wir über Menschenopfer reden. Sie lautet: Wer ist eigentlich bei uns der wirkliche Herr des Lebens? Schauen wir auf den Gekreuzigten über dem Altar! Da haben wir einen Gottessohn vor uns, der »für das Volk« geopfert worden ist: »Es ist für das Volk besser, dass einer stirbt…« Wir sollten

uns zwingen, anhaltend auf diesen gekreuzigten Gottessohn zu schauen, und uns die Maxime klarmachen, der
wir auf den Straßen folgen. Sie lautet: ›Damit die freien
Bürger freie Fahrt haben, nehmen wir die tausendfachen
Verkehrsopfer hin. Wir Deutschen akzeptieren keine ge-
nerelle Höchstgeschwindigkeit. Aber die Menschenopfer,
die durch Unfälle und Luftverpestung entstehen, die akzeptieren wir.‹

Ehrfurcht vor dem Leben beginnt, wenn wir unter uns
anfangen, von den Opfern her zu denken. Und sie wird
wahr im Verzicht darauf, Menschenleben zur Sicherung
unserer Ziele einzusetzen. Daraus folgt als praktisches Fa-
zit: Wir brauchen keine neuen Leitbilder einer »Fahrspaß«-
Automobilität, wie sie uns die Automobilwerbung gerade
nahelegt. Denn deren Produkte produzieren im Fall des
Unfalls Menschenopfer wie die anderen Autos auch – von
Tieropfern einmal ganz zu schweigen.

Das Beste, was uns geschehen kann, fasse ich als Hoffnung in Worte: Dass es eines Tages heißen wird, die Geschichte der individuellen Automobilität sei im 20. Jahrhundert erfunden und auf die Spitze getrieben – und
dann doch noch zu einer ›Schwellengeschichte‹ geworden
– wie das Menschenopfer zur Zeit Abrahams. Man habe
zu unserer Zeit voller Scham, Trauer und Entsetzen erkannt, dass der Krieg auf den Straßen genauso nichts-
würdig ist wie jeder andere Krieg, und habe den Schutz
des Lebens wieder rigoros über den automobilen Ver-
brauch von Menschenleben gestellt. Der übermotorisierte
Individualverkehr sei seitdem zur Ausnahme geworden,
die Einhaltung von Höchstgeschwindigkeiten werde
durch technische Leitsysteme erzwungen. Und die Zahl
der Schwerletzten und Toten im Straßenverkehr sei auf
weniger als 1000 gesunken.

Gebet:

Du ohnmächtiger Gott, dessen Sohn wir ans Kreuz geschlagen haben: Wir haben dich auf deinen Namen als harmloser, »lieber Gott« festgenagelt, der zu allem Ja und Amen sagt. Wir haben dich in deinen Kirchen festgesetzt und schauen gelegentlich bei dir vorbei, um zu sehen, dass sich nichts geändert hat und du uns draußen nicht in die Quere kommst.

Es schaudert uns aber, wenn wir an die Opfer unserer vermeintlichen Freiheitsrechte denken, denn wir beherrschen uns und unsere Fahrzeuge nicht und lassen sie immer wieder zu lebensgefährlichen Waffen werden.

Wir brauchen Kraft, um den Blick auf das Kreuz auszuhalten, damit wir uns selbst erkennen.

Für die Opfer dieses Wochenendes und für die, die nun weinen, bitten wir: Beruhige niemanden, wecke immer lautere Anklage; sprich zu uns vom Kreuz her: Es ist genug!

Und wenn ihr mögt, sagt: Amen.

Ein Gott, eine Erde, eine Menschheit

St. Marien in Berlin-Mitte am 1. Sonntag nach Trinitatis, 9. Juni 1996, und Andreaskirche in Berlin-Wannsee am 4. Sonntag nach Trinitatis, 30. Juni 1996; 5. Buch Mose 6,4-5

Höre, Israel: der Herr, unser Gott, ist ein Herr!
Und du sollst den Herrn, deinen Gott, lieben
von ganzem Herzen, von ganzer Seele und mit aller dei-
ner Kraft. (Zürcher Bibel 1931)

I.

Die beiden Verse, die wir eben gehört haben, stellen bis heute das Zentrum jüdischen Glaubens dar. Sie formulieren in unüberbietbare Kürze und Prägnanz die Basis des Eingott-Glaubens: Gott ist Einer, ungeteilt. Und weil das so ist, sollen die Menschen ihn auch nicht mit geteiltem, sondern mit ganzem Herzen und ganzer Seelenkraft lieben. Der ungeteilte Himmel und das ungeteilte Herz sollen sich entsprechen. Wesentlich später finden wir diese Entsprechung von Himmel und Erde im Vaterunser wieder, das uns Jesus beten gelehrt hat: »Dein Wille geschehe – wie im Himmel, so auf Erden.«

Dass Himmel und Erde sich entsprechen sollen, leuchtet uns noch tiefer ein, wenn wir darauf achten, worum es bei dieser Beziehung zwischen Himmel und Erde und uns geht: um Liebe. Wahre Liebe füllt das ganze Herz, liebt mit ganzer Seelenkraft, duldet keine Halbherzigkeit. Diese ungeteilte Liebe ist die einzig angemessene Antwort auf den Gott, von dem der 1. Johannesbrief dann sehr viel später sagt: »Gott ist Liebe. Und wer in der Liebe bleibt, der bleibt in Gott und Gott in ihm« (4,16).

Es heißt, diesen Satz zu Ende zu sagen, wenn der 1. Johannesbrief, ganz in Übereinstimmung mit dem Alten Testament, betont, dass diese Liebe auch in dem Sinn ungeteilt sein soll, dass sie nicht nur Gott, sondern Gott und Menschen gilt. Gottesliebe und Menschen- bzw. Nächstenliebe gehören zusammen. Jesu Gleichnis vom reichen Mann und armen Lazarus schärft ein, dass, wer den Notleidenden vor seiner Tür übersieht, die Beziehung zu Gott verlieren wird. Denn Gott ist uns als ungeteilt Liebender voraus: »Er hat uns zuerst geliebt«, heißt es in dem Johannes-Brief. Darum gilt die Richtung, in der das Vaterunser Himmel und Erde miteinander verbunden sieht, unumkehrbar: »Dein Wille geschehe – wie im Himmel, so auf Erden.«

II.

Doch was der Wahrheit entspricht, muss noch lange nicht der Wirklichkeit entsprechen. Ja, wir beten dieses Gebet, weil unter uns Menschen keinesfalls nur Gottes Wille geschieht. Die Erde ist, was die innere Ausrichtung der Menschen angeht, keine Einheit, sondern vielfach geteilt und verfeindet. Und entsprechend geteilt ist der Himmel über uns. Wir Menschen haben in unserer Geschichte auf der Erde gezeigt, dass wir die im 5. Buch Mose und im Vaterunser angesprochene Denkbewegung vom Himmel zur Erde gerne umdrehen. Denn wir neigen dazu, zu denken: Wie es bei uns auf Erden aussieht, so muss es auch im Himmel aussehen. Gottes Auftrag und Funktion ist dann darauf beschränkt, dass er *unsere* Vorstellungen von Gott und Menschlichkeit als die einzig wahren und sinnvollen beglaubigt.

Ich erinnere mich noch, wie ich als Student mit Wehmut und Erschrecken zugleich Berichte gelesen habe über die Anfänge der ökumenischen Bewegung vor dem Ersten Weltkrieg: Diejenigen Christen, die darüber verhandelten, wie die Spaltung der Kirchen wenigstens im evangelischen Bereich überwunden werden könnte, verabschiedeten sich beim Ausbruch des 1. Weltkrieges voneinander und gingen jeder zu seinen Waffen. Und kämpften dann gegeneinander in Armeen, die nach der jeweiligen offiziellen Version Gott auf ihrer Seite wussten und Gottesdienste hielten, in denen gegeneinander gebetet wurde. Denn die Devise stand auf den Koppelschlössern: »Mit Gott für Kaiser bzw. König und Vaterland«.

Ganz selbstverständlich ist dabei die Teilung der Erde auf den Himmel übertragen worden. Denn durch die Gebete ist, von den Menschen aus gesehen, der Gott der Deutschen gegen den Gott der Franzosen und der Gott der Franzosen gegen den Gott der Deutschen aufgehetzt, gewissermaßen in den Krieg geschickt worden. Da war Gott nichts anderes als oberste Vollzugsinstanz menschlicher Politik und Herrschaft. Armer Gott!

Noch ist diese Epoche der Menschheitsgeschichte leider nicht beendet, wie wir vor allem aus nächster europäischer Nähe in Nordirland wissen. Aber auch im ehemaligen Jugoslawien wird von der geteilten Erde her ein geteilter Himmel behauptet und mit Waffengewalt durchzusetzen versucht. Und dort wie im Nahen Osten geht es nicht nur um die nach Nationen geteilte Erde und den geteilten Himmel über ihnen, sondern auch um die Teilung der Menschheit von den Religionen her und um den religiös geteilten Himmel, um die Zer-Teilung Gottes. Diese Zerteilung geht tief und schließt, wo sie mit der Wahrheitsfrage verbunden wird, jede Verständigung unter Menschen aus. Denn seit es üblich geworden ist, dass die monotheistischen Religionen die jeweils anderen Gottes- und Lebensvorstellungen als unwahr bzw. falsch verworfen haben, beanspruchen sie den »Himmel«, jetzt symbolisch gemeint, für sich selbst. Und das heißt, dass sie dem Gott und Glauben der Andersgläubigen keinen Platz im »Himmel« zugestehen. Und dann schließt sich der Kreis: Wer im Himmel keine Heimat haben soll, darf auch auf Erden keine haben. So ist der geteilte Himmel immer die größte Gefahr für den Frieden auf Erden gewesen. Denn er hat die von Menschen gezogenen Grenzen geheiligt und die Andersgläubigen vom Zugang zu Gott ausgeschlossen.

III.

Dieser Tatsache und schweren Verantwortung müssen sich die Religionen erst noch bewusst werden und Konsequenzen daraus ziehen. Deshalb mutet es seltsam an, dass die Katholische Kirche den Besuch des Papstes in Deutschland 450 Jahre nach Luthers Tod nicht dazu genutzt hat, den gegen Luther verhängten Bann aufzuheben. Vielmehr wurde ausdrücklich davon gesprochen, dass die Zeit dafür noch nicht reif sei.

Inmitten dieser leidvollen Geschichte hören wir heute das alte Wort aus dem 5. Buch Mose: »Hört, ihr Gläubigen: der Herr, unser Gott, ist Einer.« Ich höre es als die Aufforderung, den geteilten Himmel über uns, den wir aus der Geschichte der Völker und Religionen ererbt haben, infrage zu stellen. Wenn Gott wirklich Einer, wenn der Himmel wirklich ungeteilt ist, dann müssen wir alle Teilungsversuche und Glaubenssätze, die auf solche Teilungen hinauslaufen, beenden.

Die Wahrheit dieses Bekenntnisses ist abzulesen daran, ob wir Gott ungeteilt (also: »mit ganzem Herzen und mit ganzer Seelenkraft«) lieben, und ob diese Liebe wiederum ungeteilt Gott und allen Mitmenschen gilt oder nicht. Denn in der Liebe schließt sich der Kreis: Zu den Mitmenschen zählen ja auch die Andersgläubigen. Im schon zitierten 1. Johannesbrief steht ein starker Satz: »Wenn jemand sagt: ›Ich liebe Gott‹ und hasst doch seinen Bruder, der ist ein Lügner« (4,20), ja, »der ist ein (potenzieller) Menschenmörder« (3,15). Es ist demgegenüber freundlich formuliert, wenn wir in Abwandlung dieses Satzes sagen: »Wer sagt, er liebe Gott, und hasst doch einen Andersgläubigen seines Glaubens wegen, dessen Glaube ist ungläubwürdig.«

Ich habe mich gefragt, ob es ein biblisches Symbol gibt, das uns helfen kann, die ungeteilte Liebe zu Gott und Menschen zu leben und die Grenzen zu überwinden, die uns die religiöse Zerteilung Gottes zieht. Ich glaube, es im Regenbogen gefunden zu haben. Hin und wieder können wir durch bestimmte Eigenschaften des Tageslichts eine Wahrheit wahrnehmen, die wir sonst nicht so leicht erkennen können: Dass das Licht, von dem alles Leben abhängt, sich aus vielen Farben zusammensetzt und dennoch das *eine* Licht ist. Und vielleicht mischen sich in unserer Zeit die Völker und Religionen überall auf der Erde, damit jeder in unmittelbarer Nähe da, wo er lebt, erkennen kann, wie bunt die Menschheit ist, und dass es trotzdem *eine* ist. Vielleicht können wir die alte Selbstaussage Gottes, Einer zu sein, künftig deshalb auch besser hören und beherzigen?

Hört, ihr Gläubigen: Der Herr, unser Gott, ist Einer. Der Himmel ist ungeteilt. Die Religionen und Konfessionen nehmen Gott unterschiedlich wahr, aber sie nehmen den einen Gott wahr. An seiner Einheit kann keine Religion etwas ändern. Lasst uns Gott und Mitmenschen ungeteilt lieben! Der ungeteilte Himmel ist die beste Voraussetzung für einen ungeteilten Frieden auf Erden. Deshalb wird es Zeit, dass wir Gott mit einem Himmel in Verbindung bringen, der über allen von Menschen geschaffenen Teil-Himmeln ist. Der Regenbogen wird uns immer wieder daran erinnern.

Gebet:
Gott, du bist Geist und Licht des Lebens.

Wir danken dir dafür, dass du das Licht aus vielen Farben und die Menschheit aus Pflanzen und Tieren hast werden lassen.

Wir hoffen auf Verständigung unter den Religionen, so dass sie sich als Perspektiven auf deine Einheit und Wahrheit verstehen lernen.

Angesichts der unermesslich vielen Opfer, die vergangene und gegenwärtige Religionskriege gebracht haben, hoffen wir darauf, dass niemand mehr meint, dich ehren zu können, indem er andersgläubige Menschen verachtet, verfolgt oder gar tötet.

Die unterschiedlichen christlichen Kirchen sollen auf dem Weg der Verständigung vorangehen und das Trennende hinter das Verbindende stellen.

Wir bitten dich für die Theologie, dass sie es lernt, den Lobpreis deiner Einzigkeit und Einheit mit dem Staunen darüber zu verbinden, dass die Welt mit einer Vielfalt von Kulturen und Religionen begabt ist. Wir wollen wechselseitig Anteil gewinnen an den Schätzen der Erkenntnis und Spiritualität, die die Religionen je für sich bewahrt haben.

Unser Glaube an dich soll begleitet und beglaubigt sein von unserer Hinwendung zu unseren Mitmenschen, zu Tieren und zu den anderen mit uns geschaffenen Geschöpfen.

Wir haben Freude daran, das gute Erbe in unserer Kirche zu bewahren, aber wollen Abschied nehmen von der Engstirnigkeit, mit der wir dich in der Vergangenheit so gerne in unseren Kirchen festgesetzt und den anderen Religionen vorenthalten haben.

Wir suchen Lebensformen, die den Lebensmöglichkeiten und Kräften der Menschen entsprechen – und nicht nur unserem *Bild* vom Menschen.

Und wenn ihr mögt, sagt dazu: Amen.

Neues Leben heißt wirklich *neues* Leben

Totensonntag, St. Marien in Berlin-Mitte am 23. November 1997; 1. Korintherbrief 15,45-54

I.

Als es noch üblich war, sich den kommenden Himmel als das auf Erden unerreichbare Paradies vorzustellen, war es im Grunde auch für Nichttheologen einfach, vom Himmel zu reden: Man trug alle uns Menschen plagenden Lebenserfahrungen vor und kehrte sie in ihr Gegenteil um. Wo hier so viele verhungern und verdursten, lautete die Botschaft: Im Himmel wird keiner mehr hungern und keine mehr dürsten müssen. Wo hier so viele gequält und erniedrigt werden und vor Schmerzen aus Wunden des Herzens oder Leibes schreien, sagte die Predigt vom Himmel: Dort wird kein Leid noch Schmerz noch Geschrei von Gequälten mehr sein.

Wenn wir uns solche Ausblicke ins kommende, nächste, andere Leben erzählen wollten, die die Bibel und andere religiöse Überlieferungen aufbewahren, könnten wir uns wohl das Herz warmreden, Ende November, wo in der Natur um uns herum alles stirbt und bald schon friert. Doch ich bin sicher: Irgendwann beim Erzählen der Himmelsbilder würde es uns nicht nur gemütlich herzenswarm, sondern allzu gemütlich werden. Mit Schauern über den Rücken schliche sich die Frage ein, ob das eigentlich noch glaubwürdig ist, *so* vom Himmel, vom Leben nach dem Tod, zu reden. Ob es nicht ratsam sei, diese Himmelsbilder gewissermaßen Bilder in einem Museum bleiben zu lassen, in dem religiöse Vorstellungen einer kommenden Welt gesammelt und beschaut werden können, wo wir am Ende des zweiten Jahrtausends hindurchgehen und ein wenig seufzend sagen können: Ja, so einfach war das damals!

Mit oder ohne Seufzen betrachtet – die Frage nach der Glaubwürdigkeit der Himmelspredigt muss gestellt und beantwortet werden. Und zwar so, dass wir uns als Erstes darüber verständigen, was wir wissen. Wir wissen, dass Himmelsbilder, die als Umkehrung und Ende irdischer Leidenserfahrungen gebildet worden sind, sich jeweils biblisch zwar mehr oder minder gut begründen lassen; denn sie wollen in bildhafter Rede sagen: Das kommende Leben ist Leben bei Gott, und weil es Leben bei Gott ist, wird es die Fülle des Lebens bringen, ohne irgendwelche Einschränkungen, die wir jetzt noch erdulden müssen. So weit, so verständlich.

Doch diese Argumentation allein reicht nicht aus. Denn wir wissen auch: Gerade weil die alten Bilder vom Himmel den leidenden Menschen verkündet hatten, dort werde alles Leiden zu Ende sein, haben sie *zwei gegenläufige Bewegungen* in Gang gesetzt, die uns heute das Reden vom Himmel so schwer machen. Zum einen haben sich die Menschen mit allen Mitteln aus Wissenschaft und Technik darum bemüht, den erst für später versprochenen *Himmel* jetzt schon, also selbst, zu *realisieren*. Dass die alten Höllenvorstellungen dabei in vielem gleich mitrealisiert worden sind, sagen uns die beiden Gesichter des Fortschritts, die jeder kennt. Und wir haben gelernt, sie zu ertragen. Lebensklug wissen wir: Jedes Medikament, das Leiden lindert oder heilt, hat unerwünschte Nebenwirkungen. Nicht darüber, *dass* das so ist, sondern nur darüber, *welche* es jeweils sind, klären uns Arzt und Apotheker auf, wenn wir es wissen wollen.

II.

Ja, es stimmt: Gemessen an den Lebensverhältnissen in den rund tausend Jahren vor und hundert Jahren nach unserer Zeitrechnung, in denen die Bibel entstanden ist, sind immer mehr alte »Himmelsbilder« irdische Wirklichkeit geworden. Jedenfalls in unseren Breiten. Das betrifft den medizinischen Bereich genauso wie die Fülle der Nahrungsmittel, das betrifft die Verhältnisse, in denen heute gearbeitet wird, genauso wie die Möglichkeit zu reisen. Und kein Wunder deshalb, wenn das Wort »Himmel« für die meisten Menschen bei uns nur noch ein Ausdruck für etwas besonders Schönes ist, das wir erleben können: Ein schöner Urlaub kann genauso wie ein harmonisch-heiterer Abend mit Freunden oder eine Umarmung hinterher *himmlisch* genannt werden. Vor so viel selbst gemachtem Himmel scheint selbst angesichts der Tatsache, dass *Hölle* die Rückseite des Fortschritts ist, die Predigt vom himmlischen Reich Gottes vielen nichts Neues mehr zu bieten – was dazu geführt hat, dass selbst die Theologie vom erst noch kommenden Himmel lauter schweigt als redet.

Doch die Predigt von einem Himmel, der irdische Leidens- und Mangelzustände aufhebt, hat sich nicht nur mit der Fortschrittsmentalität, sondern noch mit etwas anderem verbunden: mit der *Vertröstung*. Weil der Himmel einst alles Elend überwinden, ja, ausgleichen würde, haben wir auch in den sogenannten christlichen Ländern der Erde viel zu lange viel zu viel Geduld mit sozialen Ungerechtigkeiten gehabt und die Leiden der Unterschichten als etwas hingenommen, für dessen Ausgleich der Himmel sorgen sollte. Unsere Nächstenliebe erschöpfte sich über lange Zeiten im Vortragen von Fürbittgebeten, in denen wir der Hungernden und Leidenden gedacht haben. Dass viele Menschen von einem solchen, durch Selbstsucht korrumpierten christlichen Gott keinen Himmel mehr haben wollen, müssen wir akzeptieren.

III.

Aber es gibt auch *religiöse* Traditionen, die wir selbstkritisch betrachten müssen: Alle Vorstellungen vom Himmel, die durch eine Umkehrung irdischer Verhältnisse ins Positive zustande kommen, wollen im Grunde dieses irdische Leben *festhalten*. Das Leben soll zwar gereinigt von Leiden und Ungerechtigkeit, also verbessert werden, aber im Grunde doch das alte, bekannte Leben bleiben, und zwar für immer. Ich glaube nun aber nicht, dass es bei der Verheißung eines neuen Lebens nach dem Tode *darum* geht. Worum aber dann?

Hören wir dazu noch einmal die Verse 45-47 aus dem 1. Korintherbrief:

Der erste Mensch, Adam, wurde ein lebendiges Wesen; der letzte Adam Leben spendender Geist. Doch das Geistliche ist nicht zuerst da, sondern das Natürliche, dann erst das Geistliche. Der erste Mensch ist aus der Erde, ein irdischer, der zweite Mensch ist vom Himmel, so sind auch die Himmlischen. (Zürcher Bibel 2007)

Folgen wir dem Apostel, müssen wir dann, wenn wir vom neuen, kommenden Leben reden wollen, zuerst einmal davon reden, wie wir Menschen geworden sind. Paulus knüpft an die Schöpfungserzählung an und zitiert frei, dass der Mensch (hebr. *adam*) aus Erde vom Ackerboden (hebr. *adama*) geformt und aus dem ihm eingehauchten Lebensatem Gottes (hebr. *näfäsch*) zu einem lebendigen Wesen geworden ist (1. Buch Mose 2,7). Teile dieser Vorstellung haben die Juden aus altägyptischen Texten übernommen.

IV.

Für uns heute ist unsere Herkunft eher von der biologischen Evolution her geprägt worden: Wir wissen, dass wir, ehe wir Menschen wurden, die ganze Stammesgeschichte des Lebens durchlaufen haben – als Tiere. Für uns alle gilt: Als ganze Wesen aus »Fleisch und Blut« und dem Lebensimpuls, den man früher »Lebensodem« nannte, sind wir »lebendige Wesen«. Wir Menschen *haben* nicht einen Leib und ein eigenes Wesen, sondern *sind* mit allem, was wir sind, lebendige Wesen.[1] Das liegt daran, dass der von Gott kommende Lebensimpuls alles in und an uns bewegt. Deine Person, dein eigenes, unverwechselbares Wesen, dein Ich, dein innerster Kern genauso wie deine Gestalt, das bist *du* als »lebendiges Wesen«. In nichts zeigt sich diese Ganzheit so klar wie darin, dass Freude und Leid, wenn sie uns wirklich erfassen, uns immer als Ganze erfassen: Lachen und Weinen, Trauer und Wut bewegen Leib und Gemüt, wir biegen uns vor Lachen, krümmen uns vor Schmerz und beugen uns, wenn wir in Trauer oder aus anderen Gründen niedergeschlagen sind. Jeder, der Augen hat für Menschen, kann es sehen.

Doch mehr noch: Weil wir aus der Beziehung zu Gott unseren Lebensatem haben, bleiben wir unser Leben lang als lebendige »Seele« in Bewegung. Wir strecken uns aus nach dem, was auf uns zukommt, sind sehnsüchtig, unruhig, wartend, auch wenn wir nicht genau wissen, worauf wir warten. Der Morgen, das Licht, ziehen uns aus allem Dunkel an. Und das geht so lange, bis unsere Seele müde, lebenssatt wird und wir sterben.

V.

Das *neue* Leben aber kommt nicht wieder aus irdischer Zeugung. Was von der Erde kommt – Medizin, verpflanzte Organe, gute Pflege – kann das alte Leben nur verlängern. Was von der Erde kommt, hält uns im Bild des irdischen Lebens fest. Wenn wir auf neues Leben hoffen für uns und unsere Toten, dürfen wir nicht auf denselben »Stoff« setzen, aus dem das alte ist. Da muss ein neuer »Stoff« her. Von ihm spricht Paulus, wenn er den Korinthern das »Geheimnis« des zukünftigen Lebens entdeckt:

---

[1] Da im Hebräischen für Wesen und für Seele dasselbe Wort verwendet wird, sprach man früher nicht vom »lebendigen Wesen«, sondern von einer »lebendigen Seele«.

Fleisch und Blut können das Reich Gottes nicht erben, noch erbt das Vergängliche die Unvergänglichkeit. Siehe, ich sage euch ein Geheimnis: … alle aber werden verwandelt werden. (Zürcher Bibel 2007)

Ob wir erd- oder feuerbestattet werden, oder ob wir unsere Asche ins Meer streuen lassen: So oder so erhält die Erde zurück, was von ihr genommen worden ist. Aber was ist dann mit uns als lebendigen Seelen? Das Geheimnis, von dem Paulus spricht, geschieht durch eine Kraft, die geschützt ist gegen Verwesung: nämlich durch »den Geist, der lebendig macht«. Und das Geheimnis heißt: *Verwandlung.* Diesen und noch drei andere Begriffe verwendet Paulus, wenn er das geheimnisvolle Geschehen sprachlich zu fassen versucht, in dem der als lebendiges Wesen geschaffene Mensch das irdische, sterblich-verwesliche Leben verlässt und hineinkommt in das wirklich *neue* Leben: Das Verwesliche wird »anziehen« Unverweslichkeit wie ein neues Kleid, sagt er, und Sterblichkeit wird »anziehen« Unsterblichkeit, Tote werden auferstehen. Das ist das Werk des Geistes, der lebendig macht. Das Alte wird vergangen sein – so vergangen, wie vergangenes Leben vor unseren Augen ist, wenn wir unseren Toten ins Angesicht schauen wollen und sie nicht mehr erreichen. Das Geheimnis, in dem der lebendig machende Geist wirkt, vollzieht sich gewissermaßen auf der Rückseite dessen, was vor Augen ist und zerfällt. Wobei Geist als schöpferische Kraft dafür sorgt, dass auch das Zukünftige Gestalt hat – allerdings eine Gestalt, die wir uns nicht vorstellen können. Und kein Begriff, den wir dafür verwenden, wird das Geheimnis lüften. Denn auch unsere Begriffe halten das Irdische fest, kommen nicht über die Todesgrenze hinaus.

Neues Leben heißt wirklich *neues* Leben. Mit weniger sollten wir uns nicht zufriedengeben! Neues Leben heißt nicht: alles noch einmal von vorne! Wir warten auf einen *neuen Himmel und eine neue Erde*, heißt es mehrfach in der Bibel. Und das »neu« darin ist radikal zu denken. Darum hat es keinen Sinn, alte Strukturen ins Neue transportieren zu wollen. Weder Ehen noch Kirchen noch Religionen wird es geben, das alles gehört zu dieser Welt. Aber weil wir uns ohne Bilder nicht verständigen können, werden unsere Sehnsucht und Neugierde nach dem neuen Leben immer wieder Bilder schaffen, die die alten irdischen »Stoffe« verwenden. So hat auch Paulus die irdischen Gestalten zwar »überkleiden« wollen mit Unsterblichkeit. Aber ein Fortdauern des Sterblichen hat er damit nicht gemeint. Der Kern des Geheimnisses ist deshalb *Verwandlung.* Was das meint, können wir nur denken, wenn wir Geist als in der Verwandlung wirksame *Energie* verstehen – und wenn wir ernst nehmen, dass Geist und Liebe ebenfalls Energien sind, die auch durch den Tod nicht verloren gehen.

Und dann können wir denken und glauben: Der Geist, der lebendig macht, wird in der Verwandlung wirksam sein und Neues schaffen aus Geist und Liebe. Gott *ist* Geist (Johannes 4,24). Gott *ist* Liebe (1. Johannesbrief 4,16). Im Vertrauen auf diesen lebendig machenden Geist können wir über Friedhöfe gehen und glauben, dass alles Sterbliche in eine neue, unbekannte Gestalt verwandelt werden wird. Gott sei Dank.

Und wenn ihr mögt, sagt dazu: Amen.

Kommt und seht!

St.-Annen-Kirche in Berlin-Dahlem am 24. Juni 1999 zum Abitur des Jahrgangs 1999 am Grauen Kloster Berlin; Johannes 1,35-51

Liebe Festtagsgemeinde!

Obwohl der Schulabschluss im Kirchenjahr nicht als Festtag vorgesehen ist, treffe ich die Situation wohl richtig, wenn ich von einem Festtag spreche. Für meine Predigt habe ich eine Erzählung ausgewählt, die von der Berufung der ersten Jünger handelt. Zwar sind wir weit von dieser Ursprungsszene entfernt, aber trotzdem können wir der Erzählung Wichtiges für diesen Tag entnehmen.

I.

(VV. 35-39) Zuerst lenkt die Erzählung unseren Blick auf Johannes den Täufer und seine eigene Jüngerschar. Als Johannes Jesus sieht, sagt er zu seinen Jüngern: »Siehe, das Lamm Gottes.« Johannes kann Jesus einordnen und bezeichnet ihn mit diesem Titel als die von ihm erwartete Erlösergestalt. Damit weist er seine Jünger von sich weg und zu Jesus hinüber: ›Folgt jetzt *ihm* nach, nicht mehr mir. Ich lasse euch los. Denn er ist größer als ich.‹

Jesus aber will von den zu ihm hinüberkommenden Johannesjüngern mehr als einen »Überweisungsschein« von Johannes dem Täufer sehen. Er will von ihnen ein eigenes Motiv: »Was sucht ihr (bei mir)?«, fragt er sie. Sie antworten mit einer für uns überraschenden Frage: »Rabbi, wo ist deine Bleibe? Wo hältst du dich auf?« Jesus antwortet ohne Umschweife mit einer Einladung: »Kommt, und ihr werdet sehen.« Und nachdem sie mit ihm gegangen sind und seine Bleibe gesehen haben, bleiben sie bei ihm. Worum ging's den Jüngern? Nicht um eine Lehre offenbar, sondern um die Frage, ob sie mit ihm leben können. Was sie zu sehen bekommen haben, muss anziehend gewesen sein. »Sie bleiben bei ihm« heißt: Sie wollen nun mit ihm leben, mit ihm durchs Land ziehen.

Da scheint schon auf, was erst später im Johannesevangelium ausgesprochen wird: Die Wahrheit Jesu ist nichts, was man wie 3x3=9 lernen und abhaken könnte. Diese Wahrheit ist mit einem Weg und einer Person verbunden. Ja, sie ist eine Lebens-Wahrheit, die nicht zu haben ist, ohne dass man sich mit seinem Leben darauf einlässt.

Hier zeigt sich auch der ursprüngliche Sinn von »Theorie«. Wenn wir das Wort hören, denken wir ja gerne an das Gegenteil von Praxis, an etwas Abstraktes. Weit gefehlt! Im griechischen Wort *theorein* verbinden sich vermutlich das Wort *theo = laufen, hingehen,* und *horao = sehen, anschauen. theoria* ist dann also die lebendige, selbst gewonnene Anschauung von etwas, die man gewinnt, indem man sich selbst darauf zubewegt und einlässt. »Kommt, und ihr werdet sehen!« – das ist die Einladung dazu, sich selbst eine Anschauung zu bilden. Und sie wirkt wie ein Zündfunke.

II.

(VV. 40-42) Andreas erzählt, was er erlebt hat, seinem Bruder Simon: »Wir haben den Messias gefunden.« Das ist ein anderer Hoheitstitel, der im Griechischen mit »Christos« übersetzt wird. »Und er führte ihn zu Jesus«, heißt es. ›Komm, und du wirst sehen‹, wird Andreas zu Simon gesagt haben. Und dann gehen sie zu Jesus. Und was tut der? Er gibt Simon einen neuen Namen: »Kephas«, griechisch »Petrus«, deutsch »Fels«. Er baut auf ihn, heißt das, setzt eine Hoffnung in Simon Petrus. Der Weg, der Wahrheit und Leben ist, kann auch für Petrus beginnen. Es wird ein schwerer Weg.

(VV. 43-44) Am nächsten Tag »findet« Jesus den Philippus. Und er nimmt ihn ohne Umschweife in die Nachfolge hinein: »Folge mir nach!« Auch Philippus bleibt, macht sich mit ihm auf den Weg.

(VV. 45-46) Philippus aber »findet« Nathanael und sagt ihm »Wir haben *den* gefunden, von dem Mose in der Thora gesprochen hat, und die Propheten auch«, ruft er ihm zu. Das heißt soviel wie: Er ist die Erfüllung aller Erwartungen! Nathanael aber weiß, woher Jesus kommt, und darum hat er ein Vorurteil. Und er verbirgt es nicht: »Kann aus Nazareth etwa etwas Gutes kommen!?« Was müssten wir heute einsetzen, um unsere Geringschätzung auszudrücken? »Aus Nazareth kommt der? Aus diesem Kaff?« Philippus antwortet auf anderer Ebene: »Komm, und du wirst sehen!« Du musst dir eine eigene *theoria* bilden. Leb nicht aus zweiter, leb aus erster Hand!

(VV. 47-49) Jesus sieht, *wer* er ist: »ein ehrlicher Mensch«. Dass er sein Vorurteil nicht verborgen hat, ehrt ihn. Aber Nathanael erschrickt: »Woher kennst du mich?« Er war Jesus schon vorher aufgefallen, als er unter einem Feigenbaum stand. Und nun, überwältigt, packt Nathanael alle Titel für den Messias aus, die er kennt und nennt Jesus damit. »Du bist der ›Gottes Sohn‹, ›König Israels‹.« Ganz oben also in seinem religiösen Repertoire ordnet er Jesus ein.

(VV. 50-51) Doch Jesus stapelt eher tief: »Größeres wirst du sehen«, verheißt er Nathanael. Das heißt: Enge die Zukunft nicht durch die Herkunft ein! Der Rahmen des Gewohnten wird gesprengt werden. Und dann, schon an alle gerichtet, sagt er: »Ihr werdet den Himmel geöffnet sehen und ›die Engel Gottes auf- und niedersteigen‹ auf den Menschensohn.« Dieses schöne Bild hatte einst Jakob in Bethel geträumt (1. Buch Mose 28), zu einer Zeit, als man vom Weltbild her noch leicht am Himmel eine Leiter befestigen konnte. In Jesu Mund heißt das alte Bild: Für euch wird Wirklichkeit, dass Himmel und Erde sich verbinden, dass die alte Weltbildgrenze zwischen beiden verschwindet.

Das gewohnte religiöse System wird sich wandeln. Denn der Himmel ist *durch* Jesus, ist *über* Jesus und denen, die ihm folgen, offen, zugänglich. Die Regionen, die bislang gegeneinander abgeschlossen waren – Himmel und Erde –, sind nun offen füreinander: Transzendenz und Immanenz begegnen sich, verbinden sich zu Schichten *einer* Wirklichkeit. *So* wird sich die Botschaft des Johannesevangeliums von der Menschwerdung Gottes in Jesus von Nazareth erfüllen.

III.

Und was heißt das für euch jetzt nach dem Abitur? Was ist darin »gute Botschaft«? Ihr könnt euren Lebensweg weitergehen mit *dieser* Zusage: Das Selber-Sehen lohnt sich! Größeres als das, was ihr gelernt habt, werdet ihr sehen! »Der Himmel ist offen« heißt: Schottet euch nicht ab gegen das, wofür »Himmel« als Symbol steht: Das Leben ist mehr als ein Feld, auf dem ihr Gelerntes in Handlung umsetzen könnt. »Kommt und seht!« lädt euch ein, das in euer Leben einzubeziehen, was euch in Gestalt von Menschen und Ideen und von ungeahnten Herausforderungen entgegenkommen wird. Zukunft ist das, was auf euch zukommt. Dem nicht ausweichen zu müssen, sondern sich der Zukunft stellen zu können – dazu habt ihr so lange gelernt. Und vertraut darauf, dass es eine geistige Wirklichkeit gibt, die materiell nicht fassbar ist und doch das Leben ausmacht – im aneinander Denken und einander Begleiten, im Zutrauen, das euch andere schenken, so wie ihr seid, richtig und wichtig zu sein in der Welt. In diesem Zutrauen, auf das andere auch von euch hoffen, wirkt Liebe. Und in der Liebe ist *Gott* selbst erfahrbare Gegenwart, denn »Gott ist Liebe« (1. Joh 4,16). Damit ist auch das Geheimnis angesprochen, wie Gott in der Welt gegenwärtig ist. Alle Wissenschaft ist gut, solange sie *diese* Erfahrung von Leben – die Wahrheit, dass Gott

Liebe ist – nicht versperrt. Denn so lange ist der Himmel offen.

»Der Himmel ist offen« heißt aber auch: Er ist nicht zerteilt, obwohl das Nebeneinander und oft genug das Gegeneinander der Religionen das Gegenteil zu lehren scheint. Die Verheißung, dass ihr Größeres schauen werdet als bisher, schließt die Einladung ein: Lasst euch auf neue religiöse Erfahrungen ein, auch auf die spirituellen Schätze, die in anderen Religionen aufbewahrt werden. »Kommt, und ihr werdet sehen!« Gott ist Einer, hat aber viele Gesichter. Und tragt bei zur Verständigung aller Gläubigen und fördert so den Frieden. Nehmt die Verantwortung der Religionen für den Frieden nach so unendlich vielen, religiös motivierten Kriegen wahr. »Kommt, und ihr werdet den Himmel offen sehen!«

Ich wünsche es eurer Generation von Herzen: Dass ihr euch darauf einlasst und Größeres als das seht, was wir aus der Geschichte kennen.

* * *

Jesus Christus hat seine Jünger nach seiner Auferstehung mit folgenden Worten bevollmächtigt: »Frieden sei mit euch. Wie mich der Vater gesandt hat, so sende ich euch. Empfanget den heiligen Geist. Wem ihr die Sünden vergebt, dem sind sie vergeben. Wem ihr sie nicht vergebt«, ›den haltet ihr in seiner Schuld gefangen.‹ (Joh 20,21-23)

Lasst uns heute, an diesem für unser Leben wichtigen Tag, Dank sagen für die gemeinsam gegangene Wegstrecke, für alles Gelernte und Entdeckte. Und lasst uns auch von dieser göttlichen Vollmacht Gebrauch machen und einander loslassen aus Erfahrungen des Versäumens und Versagens.

Wir *Eltern* bitten euch, unsere Kinder, um Vergebung für alles, was wir euch an Aufmerksamkeit und Geduld schuldig geblieben sind. / Antwort: Wir vergeben euch.

Wir Abiturientinnen und Abiturienten bitten euch, unsere Eltern, um Vergebung für alles, was wir euch an Verständnis und Geduld schuldig geblieben sind. / Antwort: Wir vergeben euch.

Wir Lehrerinnen und Lehrer bitten euch, unsere Schülerinnen und Schüler, um Vergebung für alles, was wir euch an Aufmerksamkeit und Geduld schuldig geblieben sind. / Antwort: Wir vergeben euch.

Wir Schülerinnen und Schüler bitten euch, unsere Lehrerinnen und Lehrer, um Vergebung für alles, was wir euch an Aufmerksamkeit und Hörbereitschaft schuldig geblieben sind. / Antwort: Wir vergeben euch.

Wir danken Gott für den Frieden, den er unter uns durch die Vergebung stiftet. Lasst uns in diesem Frieden das Mahl miteinander feiern und einander Brot und Wein reichen. Und uns gegenseitig Segen wünschen.[1]

---

[1] Das Abendmahl wurde mit einem im Wechsel gesprochenen Eingeständnis und einer folgenden Lossprechung gefeiert. Siehe dazu als Muster auch die im Anhang mitgeteilten Liturgien.

Gott ist Liebe – oder er/sie ist nicht Gott

Reformationstag, Friedenskirche Starnberg am 31. Oktober 2001; Josua 24,1-4a.13-15.24

I.

Einen weiten Bogen müssen wir heute in Gedanken spannen, um die vom Buch Josua angesprochene Zeit am Ende des 2. Jahrtausends vor Christus, die Reformation im 16. Jahrhundert und unser Heute miteinander zu verbinden.

Zuerst also: Was ist damals unter Josua geschehen? Wir erleben eine *Stammesversammlung in Sichem*, dem heute palästinensischen Nablus, und die beschließt einen *Gotteswechsel*: Die ins Land Kanaan, das heutige Palästina, eingewanderten israelischen Stämme wollen fortan weder den aus dem Euphratgebiet mitgebrachten Göttern noch den im nun eroberten Land angetroffenen Göttern und Göttinnen dienen. Ein anderer Gott soll es zukünftig sein. Seinen hebräischen Namen *Jahwe* gibt Martin Luther stets mit »der Herr« wieder. *Er* soll der eine Gott Israels sein, und der neue Glaube sagt, dass Jahwe die einzelnen Stämme Israels aus ihren bisherigen Gebieten herausgeführt, gesammelt und nach Palästina hineingeführt habe. Mose und Josua auf der einen Seite und der Gott Jahwe auf der anderen sind Partner geworden in der Heilsgeschichte, für deren Anfang der Auszug aus Ägypten unter Mose steht. Er prägt das Selbstverständnis der Juden und Israels. Die Zehn Gebote, die übrige Tora und das Land Palästina sind die Lebensgrundlage dieser neuen Gemeinschaft zwischen Jahwe und Israel geworden. *Damit* grenzen sie sich gegenüber allen Nachbarn und Religionen bis heute ab. Fortan gehören Israel und sein Gott sowie das Land Palästina im jüdischen Glauben zusammen. »Ich und mein Haus«, sagt Josua als Erster, »wollen Gott Jahwe dienen.« Die anderen stimmen zu. Nach der christlich-biblischen Theologie sind diese Anfänge Israels auch für uns frühe Gotteserfahrungen.

Daneben aber gibt es die andere Linie, die uns fremd geblieben ist. Die führt über den anderen Abraham-Sohn Ismael zu den Arabern und im 7. Jahrhundert zum Islam. Auch für sie ist Palästina die angestammte Heimat. Die bis heute andauernden Kriege zwischen Israel und Arabern sind Bruderkriege seitdem.

II.

Als *Jesus* mehr als tausend Jahre nach Mose und Josua in die Geschichte hineinkommt, geschieht Schritt für Schritt eine weitere religiöse Revolution. Durch sie wird es fortan neben dem jüdischen einen christlichen Glauben geben. Revolutionär ist, dass das neue Gottesvolk seine Heimat nicht mehr in der Bindung an ein bestimmtes Land sieht, sondern in dem Bekenntnis zu dem auferstandenen Christus. Das neue Gottesvolk, das sich Kirche nennt, verbindet Menschen ohne Rücksicht auf ihre völkische, kulturelle und religiöse Herkunft. Buchstäblich »Kreti und Plethi« können und sollen nun Gotteskinder werden: Menschen aus aller Herren Länder. Entscheidend ist nur der Glaube an Jesus Christus.

Insofern gibt es durchaus Parallelen zur Geschichte von der Stammesversammlung in Sichem, wo ja auch über die alten religiösen und Stammes-Zugehörigkeiten hinweg eine neue Gemeinschaft von Gott und Gottesvolk gebildet worden war. Und dennoch: Seit Jesus geht es nicht mehr darum, den *einen* Gott mit *einem* Volk und Land zu verbinden. Fortan sollte und durfte es eigentlich nie wieder dazu kommen, dass irgendein Volk oder irgendeine Nation Gott für sich allein beansprucht. Das neue Gottesvolk ist ein übernationales Volk aus unterschiedlichen Völkern. Schon die vier Evangelien im Neuen Testament spiegeln dies, denn ihre Unterschiede gehen auf die unterschiedlichen kulturellen Herkünfte der Evangelisten zurück. Das christliche Gottesvolk ist eine Einheit in der Vielfalt. Später trennen sich die orthodoxen Kirchen im Osten mit dem Zentrum Byzanz von der katholischen Kirche im Westen mit Rom als Mittelpunkt. Aber dabei geht es um theologische Unterschiede und nicht um den Bezug zu einem Volk und Land. Deswegen leben auch die getrennten Kirchen noch mit der Vision, dass alle Menschen, gleich welcher Nationalität und Rasse, durch den Jesusglauben geeint werden können.

In der *Reformation*, die wir heute erinnern, bricht dann im 16. Jahrhundert eine neue religiöse Bewegung auf. Sie will eine bestimmte Verzerrung des christlichen Glaubens beseitigen: Die westliche Kirche hatte aus der frohen Botschaft Jesu eine Drohbotschaft gemacht, mit der sie die Seelen der Menschen knechtete und von ihnen Ablasszahlungen und andere fromme Leistungen erpresste. Um das zu beenden, wollten die Reformatoren zurück zum Evangelium Jesu, das von der uneingeschränkten Liebe Gottes bestimmt wird. Gottes Bereitschaft, uns unsere Sünden zu vergeben, kommt ganz aus ihm selbst und kann nicht durch Geld erkauft oder durch fromme Übungen verdient werden. Um mit dem Theologen Karl Barth zu reden, galt nun wieder: *Glauben kann und darf man nur, dass Gott für uns ist.* Denn das ist das Entscheidende, was es von Gott zu wissen gibt. Und mit diesem Wissen konnten sich die Reformatoren gegen die Kirche wehren.

Begründet sahen die Reformatoren die neue Frohbotschaft vor allem durch die Theologie des Paulus und dessen Deutung des Todes Jesu als Sühnopfer für unsere Sünden. Jesus ist für uns gestorben. Aus unseren Sünden und Schuldigkeiten durfte deshalb niemand mehr Kapital schlagen, schon gar nicht die Kirche. Gottes freie und gnädige Liebe zu uns ist die Mitte der Schrift. *Dafür* steht der Name Jesus Christus. Durch keinen Handel können wir Gottes Liebe für uns gewinnen. Es gibt nichts zu handeln. Denn Gott *ist* Liebe.

Die Reformation hatte aufgedeckt, dass die Kirche sich längst als weltliche Herrscherin eingerichtet hatte und den Ablasshandel dazu nutzte, um Geld für den Bau der Peterskirche in Rom zu bekommen. Aber von nun an sollte wieder jeder glauben und wissen, dass Gott von sich aus ein offenes Ohr für ihn, für sie hat. Weil Jesus den Weg zu Gott geöffnet hat, steht niemand mehr zwischen Gott und uns. Priester und Priesterinnen dieses liebenden Gottes sind alle, die auf seinen Namen getauft worden sind und sich zu Jesus Christus halten. In den Pfarrerberuf kommt man nicht durch eine besondere persönliche Weihe, sondern durch die Berufung ins Pfarramt durch eine Gemeinde.

Das aber ging vielen viel zu weit, besonders der römischen Kirchenhierarchie. Die Kirchenspaltung des 16. Jahrhunderts war unausweichlich. Schlimm ist aber nicht nur die Spaltung selbst gewesen, sondern auch die andere Folge der Reformation: Dass sich nun wieder das alte Prinzip durchgesetzt hat, dass *Land, Volk und Glaube bzw. Konfession zusammengehören.* Der Preis für den Westfälischen Frieden, mit dem 1648 der 30-jährige Krieg zu Ende ging (der zwei Drittel der Mitteleuropäer das Leben gekostet hatte), war die Regel: *Cuius regio, eius religio*: Die Menschen mussten der Konfession folgen, die der jeweilige Landesherr für sich gewählt hatte. Mit Spätfolgen, die wir noch heute in Nordirland im blutigen Bürgerkrieg zwischen Katholiken und Protestanten mitansehen müssen. Geschehen ist dabei, dass der Himmel, ja, eigentlich Gott, nach den völkischen, nationalen und konfessionellen Grenzen auf der Erde zerteilt wurde. Dabei wurde die zentrale Bitte im Vaterunser auf den Kopf gestellt: Aus »Wie im Himmel, so auf Erden« wurde »Wie auf Erden, so im Himmel«. Erinnert sei daran, dass noch im Ersten Weltkrieg auf den Koppelschlössern der Soldaten stand: »Mit Gott für König und Vaterland« in Deutschland, »Mit Gott für Kaiser und Reich« in Österreich-Ungarn. So beteten die Deutschen zu Gott um den Sieg, wie es die Franzosen und anderen Kriegsgegner ihrerseits taten. Sie schickten Gott gegen Gott in den Krieg. Und in vielen Reformationsfeiern nicht nur der deutschen Kaiserzeit sind Martin Luther und Philipp Melanchthon zu deutschen Nationalhelden verkommen – ganz so wie Huldreich Zwingli zum Nationalhelden der deutschsprachigen Schweiz avancierte.

III.

Leider sind das, wie Nordirland zeigt, keine Dinge, liebe Gemeinde, die der Vergangenheit angehören. Aber immerhin: Europa nimmt Gestalt an. Die Europäische Union befriedet die alten europäischen Streithähne. Das ist das eine. Andererseits aber hat uns der 11. September wachgerüttelt und zwingt uns, endlich mit allem Ernst wahrzunehmen, dass es noch andere Spaltungen des Himmels und Gottes gibt. Sie reichen viel tiefer, als wir in Europa und Amerika bisher wahrhaben wollten. Denn sie spiegeln, dass es noch immer kein friedliches Miteinander der Religionen gibt, ja, noch nicht einmal ein friedliches Nebeneinander. Noch wirkt das Denkmuster nach, das uns so lange bestimmt hat beim Betrachten der Welt: *Hier sind die Christen, dort die Heiden, und irgendwo dazwischen die Juden.* Und nun plötzlich schreien uns die ehemaligen Heiden an und sagen, dass *sie* die Gläubigen und wir die Ungläubigen seien. Mit einer Mentalität, die wir Christen in der Zeit der Kreuzzüge entwickelt haben, sagen die fanatischen Islamisten den ungläubigen Christen einen gnadenlosen Kampf mit allen Mitteln an. Schrecken breitet sich aus. Und wieder steht Gott gegen Gott. Christen und Muslime versuchen, Gott als auf ihrer Seite kämpfend, als ihren obersten Feldherrn, zu bezeugen. Wie immer der Krieg in Afghanistan ausgehen wird: Der Himmel wird hinterher noch tiefer gespalten sein, und die irdischen Gräben zwischen islamischer und christlicher Welt werden noch tiefer gehen.

Und doch gibt es nur *einen* Gott. Und doch gilt: Gott ist Liebe. Reformation tut not: Wir müssen Gott seine Gottheit wieder zurückgeben. Wir müssen ihn aus der Umklammerung durch menschliche Gottesvorstellungen wieder befreien. Vergeltungswünsche, Rachegefühle für in der Vergangenheit erlittenes furchtbares Unrecht sind verständlich – aber gefährlich. Wir dürfen sie nicht als Gottes Willen ausgeben. Für sie kann man sich auf Jesus nicht berufen. Wir müssen Gott freigeben aus den Gefangenschaften der Konfessionen und Religionen genauso wie aus den Gefangenschaften der Nationen und Rassen. Und wenn wir wollen, dass damit angefangen wird, müssen wir bei uns anfangen. Das schließt den radikalen Verzicht auf alle Gewalt gegen das Fremde ein. Es hätte kein Ostern für Jesus gegeben, wenn Gott seine Kreuzigung mit Waffengewalt hätte rächen wollen.

Gott ist Liebe – oder er ist nicht Gott. Das ist die Wahrheit, die es auch für das Nebeneinander der Religionen zu bezeugen gilt. Liebe nimmt die anderen wahr, versucht zu verstehen, warum sie anders sind, lernt von ihnen, hat Freude an der Vielfalt auch der Gottesvorstellungen. Schlimm ist, dass die Ausbildung der christlichen Pfarrer und Pfarrerinnen beider Kirchen bis heute nicht verbindlich vorschreibt, sich mit den heiligen Schriften der anderen Religionen auseinanderzusetzen. Da wird so getan, als brauche uns das gar nicht zu interessieren, wie die anderen Gott wahrnehmen und die Welt sehen. Da wird noch immer so getan, als gehöre der Himmel ganz uns.

Gott ist Liebe. Gott hat alle werden lassen, will, dass alle in Frieden miteinander leben. Mit Jesus zu reden: Es sind alles Gottes Kinder, weil er unser *aller* liebender Vater ist. Wir haben kein Vorrecht, kein Erstgeburtsrecht. Ist Gott Liebe, sind alle Ansprüche hinfällig. Die Reformation, die auf uns wartet, um diesen Glauben zu verbreiten, braucht viel Zeit. Ohne Frieden zwischen den Religionen wird es keinen Frieden auf der Erde geben. Die neue Reformation braucht viele, die ihr vorangehen und sagen: Ich will dem Gott dienen, der die völkischen, geographischen und religiösen Grenzen übersteigt und zugleich für alle Gott ist.

Und wenn ihr mögt, sagt dazu: Amen.

Jesus folgen: ein schöner, schwerer Weg

Sonntag Okuli, Friedenskirche Starnberg und Mariä Himmelfahrt Berg-Aufkirchen am 3. März 2002; Lukas 9,57-62

Und als sie so ihres Weges zogen, sagte einer zu ihm: Ich will dir folgen, wohin du auch gehst. Und Jesus sagte zu ihm: Die Füchse haben Höhlen, und die Vögel des Himmels haben Nester, der Menschensohn aber hat keinen Ort, wo er sein Haupt hinlegen kann.

Zu einem anderen sagte er: Folge mir! Der aber sagte: Herr, erlaube mir, zuerst nach Hause zu gehen und meinen Vater zu begraben. Er aber sagte zu ihm: Lass die Toten ihre Toten begraben. Du aber geh und verkündige das Reich Gottes.

Wieder ein anderer sagte: Ich will dir folgen, Herr; zuerst aber erlaube mir, Abschied zu nehmen von denen, die zu meiner Familie gehören. Jesus aber sagte zu ihm: Niemand, der die Hand an den Pflug legt und zurückschaut, taugt für das Reich Gottes. (Zürcher Bibel 2007)

I.

»Oh, Jesus, was bist du doch für ein harter Herr gewesen! Hast du denn gar kein Herz gehabt? Gar kein Verständnis für diese jungen Männer, die doch zu allem entschlossen waren, aber nur noch Abschied nehmen wollten von ihren Lieben, oder den Vater beerdigen? Galt denn bei dir keine Pietät?« Es läuft einem kalt den Rücken herunter, wenn man sich diese kurzen Gespräche als wirkliche Szenen mit einem Lebenshintergrund vorstellt, wie *wir* ihn kennen – und als Ausdruck von Herzensbildung ja auch pflegen! Würden Sie einem solchen Meister Ihren Sohn, Ihre Tochter oder Ihr Enkelkind anvertrauen wollen? Ich hätte, würden sie mir heute solche Gespräche erzählen, meinen Kindern gegenüber alle Überredungskunst eingesetzt, um sie davon abzuhalten, einem Menschen zu folgen, dem Familienbande offenbar gar nichts bedeuten.

Doch solche inneren Probleme mit der Jesus-Überlieferung sind ein typisches Produkt unserer Predigtpraxis. Denn die Kirchen verfahren seit langem so, dass sie kleine Textabschnitte – diesmal sind es ganze sechs Verse – einem Sonntag als Lesung zuweisen. Diese »Perikopen« kommen zustande, indem man Verse, die irgendeinen Gedanken, ein Gleichnis oder Ähnliches zum Inhalt haben, aus ihrer textlichen Umgebung »herausschneidet«, wie das griechische Wort sagt. Aber indem man so verfährt, verselbständigen sich diese Abschnitte auch gern, führen plötzlich ein Eigenleben. Und so, aus dem Zusammenhang gerissen, erzeugen sie Probleme, die, im Zusammenhang betrachtet, nicht aufkommen.

Also schauen wir uns den Zusammenhang an! In dem großen Kapitel Lukas 9 beginnt Jesu Weg zum Kreuz. Jesus ahnt, wie dieser Weg zum Passahfest, nach Jerusalem, für ihn enden wird. Außerdem ist er, wie die meisten seiner Zeitgenossen, davon überzeugt, dass die Welt vor einem Umsturz steht. Viel Zeit ist, viel Zeit hat er nicht mehr. Und so ordnet er seine Sendung. Er tut es, indem er seine Jünger, die bis hierher mit ihm gezogen sind, bevollmächtigt und beauftragt, in seine Sendung einzutreten und sie fortzusetzen. V.1: »Er rief nun die Zwölf zusammen und gab ihnen Gewalt und Vollmacht über alle Dämonen und die Kraft, Krankheiten zu heilen. Und er sandte sie aus, das Reich Gottes zu verkündigen und die Krankheiten zu heilen.« Das heißt: Er stellt sie in das Heilandsamt ein. Sie sollen Heil *und* Heilung verbreiten, Seele *und* Leib heilen und so den Anbruch des Gottesreiches in der Welt erkennbar, fassbar werden lassen. Die Menschen, die geglaubt hatten, Gott sei ihnen unendlich fern, sollen erkennen und am eigenen Leibe spüren: Gott, unser Schöpfer, sieht das Elend der Menschen und greift helfend ein.

Aber Leib und Seele zu heilen, den Himmel zu revolutionieren und den liebenden Gott zu bezeugen, das ist kein Job, den man nur bis Feierabend macht. Hier geht es um den Umsturz der gewohnten Welt. Hier wird die Ordnung von Himmel und Erde geändert: Aus dem Herrscher im Himmel wird der dienende, liebende Gott. Herunter aus der Himmelsferne steigt er, geht hinein in die Lebensbezüge der Menschen. Da, wo Menschen leiden an Seelen- oder Leibesnöten, will *er* selbst, Gott, durch Jesus und die Seinen fortan seinen eigenen Gottesdienst an den Menschen tun. Die Welt wird neu entworfen, und Jesu Jünger und Jüngerinnen sind Teil dieses Entwurfs.

Revolutionäre haben keinen anderen Auftrag als Revolution, schon gar nicht, wenn es um die Botschaft von der bedingungslosen Liebe Gottes geht. Wofür lohnt es sich zu leben, wofür lohnt es sich zu sterben? Nur wer liebt, weiß auf *beide* Fragen eine Antwort: für die Liebe. Mehr braucht es nicht zu dieser Revolution. Als Jesus die Jünger aussendet, entlastet er sie darum von allem anderen, was sie belasten könnte: (VV. 3-5) »Und er sagte zu ihnen: Nehmt nichts mit auf den Weg, weder Stab noch Sack, weder Brot noch Geld, noch sollt ihr ein zweites Kleid haben.« Ihr werdet im Herzen unsicher, wenn ihr euch absichern wollt. »Wo ihr in ein Haus eingekehrt seid, da bleibt, und von dort zieht weiter. Und wenn man euch nicht aufnimmt, dann geht fort aus dieser Stadt und schüttelt den Staub von euren Füßen – es soll ihnen ein Zeichen sein.« Und so ziehen sie los.

II.

Aber Jünger und Jüngerinnen sind Menschen. ›Ja, ja‹, sagten sie sich: ›So hat er gesagt. *Aber…*‹ Und dann, mit den kleinen und großen Aber kamen die Fragen.

Aber? Nichts zu essen sollen wir mitnehmen? Die Antwort gibt die Erzählung von der wunderbaren Speisung der 5000, die Lukas kurz nach der Aussendung der Jünger berichtet (V. 10-17). Ihr werdet unterwegs genug zu essen bekommen.

Aber: Wer bist du eigentlich, dass du uns zu Heilanden bevollmächtigen kannst? Petrus spricht das Christusbekenntnis (V. 20): Du bist »der Gesalbte Gottes«. Und in der Geschichte von der Verklärung Jesu, die auch im 9. Kapitel steht (V. 28-36), können sie dann die Stimme Gottes hören, die wie bei der Taufe Jesu sagt: »Dies ist mein auserwählter Sohn, auf ihn sollt ihr hören!« Also: Gott mit dir, Gott mit uns!

Aber: Wohin geht die Reise mit dir? Nun kommt das Bekenntnis Jesu zu seinem Weg: (V. 22) »Er sprach: Der Menschensohn muss vieles erleiden … und getötet werden, und am dritten Tag muss er auferweckt werden.« Nun ist es heraus. Wenn sie Jesus jetzt noch weiter folgen wollen, wissen sie, dass es kein Triumphzug wird. Als Anhänger Jesu werden sie verfolgt werden und auch leiden, ihr Kreuz auf sich nehmen müssen. Am Ende werden sie allein sein, allein tun müssen, wozu er sie beauftragt hat. Er aber wird für sie alle den Tod durchbrechen. Also versucht nicht, dem Tod mit allen Mitteln auszuweichen. *So* werdet ihr euer Leben nicht retten. Haltet euch an mich. Denn: »Wer sein Leben selbst retten will, der wird es verlieren.« (V. 24)

Aber: Dämonen austreiben? Wir? Jesus führt es vor, indem er den epileptischen Knaben heilt (VV. 37-43). Später, als sie es selbst riskiert haben, haben sie Jesus abends berichtet: »Selbst die Dämonen, Herr, sind uns durch deinen Namen untertan!« (10,17) Aber so weit sind sie noch nicht. Denn noch gibt es *Aber*: Was ist mit den anderen Therapeuten, die Dämonen austreiben, sich auf dich berufen und doch nicht Deine Jünger sind wie wir? Werden wir denn denen gegenüber wenigstens ein Privileg haben? Jesu Antwort lautet: Nein. »Hindert sie nicht daran, denn wer nicht gegen euch ist, ist mit euch.« (VV. 49-50) Seht allein darauf, dass Menschen frei werden von ihren Leiden!

Aber: ›Aber wenn nun jemand *gegen uns* ist, uns beschimpft, rauswirft – was dann? Dann können wir doch endlich richtig von unserer himmlischen Vollmacht Gebrauch machen und Feuer vom Himmel fallen und sie verbrennen lassen?‹ Da reicht es Jesus. Denn sie wollen Gott in das alte Schema von Gewalt und Gegengewalt einspannen: »Da wandte er sich um und fuhr sie an« (VV. 51-56).

III.

Die haben sich den Weg mit Jesus anders vorgestellt. Gar nichts von der Größe, die sie gesucht haben, werden sie mit ihm finden. Als sie sich untereinander streiten, wer der Größte sei, stellt er ein Kind in ihre Mitte und sagt: »Wer der Geringste ist unter euch allen, der ist groß.« (VV. 46-48) Auch das wird er ihnen vormachen – wenn er sich ohne jeden Glorienschein aufs Kreuz nageln lassen wird, weil er daran festhält, dass Gott uns ohne Wenn und Aber liebt und durch den Tod hindurch in ein neues Leben verwandeln wird.

Welch ein Ziel! *Aber* – welch ein ernüchternder Weg! Und nun wird es klar: Nicht, weil Jesus ein harter Herr wäre, sondern weil er die Wahrheit nicht verdecken, niemandem etwas vormachen will, sagt er dem, der enthusiastisch gerufen hatte: »Ich will dir folgen, wohin du auch gehst!«, ernüchternd: »Der Menschensohn hat keinen Ort, wo er sein Haupt hinlegen kann.« Denk dran. Am Tod kommst du mit mir nicht vorbei. Aber ich führe dich durch den Tod hindurch.

Vor so viel Ernüchterung wird den eifrigen Jüngern das Herz kühl. Und so, wie wir vor einer schwierigen Entscheidung gern »noch eine Nacht darüber schlafen« wollen, wie wir im Sprichwort sagen, so wollen sie sich noch einmal zurückziehen, zu Hause aufwärmen, noch einmal in das alte Leben eintauchen, wenn auch nur kurz: »Erlaube mir, zuerst nach Hause zu gehen und meinen Vater zu begraben.« Jesu Antwort ist knapp: Du bist mit mir auf dem Weg. Du hast nur noch eine Aufgabe: »Geh und verkündige das Reich Gottes.« (V. 60) ›Lass diejenigen, die in der alten Welt bleiben, deinen Vater begraben. Du wirst für etwas Neues gebraucht! Geh weiter, nicht zurück!‹

Und das ist auch die Antwort für den, der sich noch einmal umarmen lassen will von denen, die in seinem Hause sind. Ihm sagt Jesus: »Niemand, der die Hand an den Pflug legt und zurückschaut, taugt für das Reich Gottes.« (V. 62) Das ist ein Gleichnis.

Alle Gespräche und Handlungen in diesem Kapitel reden gleichnishaft von Weichenstellungen, die sich mit der Nachfolge Jesu verbinden, auch für uns. Der Gott, der sich durch Jesus bekannt gemacht hat, ist der, von dem es im 1. Johannesbrief heißt: »Gott ist Liebe. Wer in der Liebe bleibt, der bleibt in Gott und Gott in ihm.« (4,16) Das ist eine Verheißung: Uns geht Gott nicht verloren, und wir gehen Gott nicht verloren, wenn wir versuchen, mit unserem Leben Jesus zu folgen. Was immer wir dabei erleben – der Weg führt, bildlich gesprochen, in Gottes Arme.

Und wenn ihr wollt, sagt dazu: Amen.

Die Feindesliebe ist eine Himmelsmacht

4. Sonntag nach Trinitatis, St. Johann Baptist in Berg am
4. Juli 2004; Lukas 6,27-38

I.

»Die Liebe, die Liebe, ist eine Himmelsmacht.« Das weiß
sogar das Libretto der vielgesungenen Operette »Der Zi-
geunerbaron« von Johann Strauß. Und alle, die sich durch
Liebe verbunden fühlen und ihr Glück genießen, stimmen
ein: »Die Liebe, die Liebe…« Dazu passt auch unsere Rede vom »lieben Gott«, der sich vor allem dadurch als »lieb«
erweist, dass er auf unserer Seite steht. Das »Wir« kann das
eigene Volk, die eigene Religion, aber auch die eigene Familie und Gruppe oder auch die eigene Partei meinen,
und in jeder Art von Streit meint es die eigene Seite und
Sache. Der liebe Gott ist *mein* Gott, *unser* Gott. Und es ist
ganz selbstverständlich, dass die Liebe, die uns mit *unse-*
rem Gott verbindet, uns auch eine Sonderstellung bei
Gott zu sichern scheint. Im jüdischen Teil der Bibel ist davon die Rede, Israel sei Gottes Augapfel (Sacharja 2,8).
Trotzdem habe ich schon als Bube empfunden, dass diese Bevorzugung der einen eine erhebliche Benachteili-
gung der anderen bedeutet. Gott hat doch alle Menschen
geschaffen! Wieso liebt er sie dann nicht *alle*? Aber weil
die Christen die Erwählung Israels auf sich selbst übertragen haben, habe auch ich es mir trotzdem lange wohl
sein lassen in dem Gefühl, zu denen zu gehören, die Gott
besonders liebt.

Dass in der Verkündigung Jesu die Liebe Gottes eine so
große Rolle spielt, hat dem Christentum gewiss schon zu
Beginn unserer Zeitrechnung die Herzen der Menschen
erschlossen, als es in der Mittelmeerwelt seinen Ausgang
nahm: »Nichts in der Welt kann uns trennen von der Liebe Gottes!«, schreibt Paulus an die Römer (8,39). Und im

1. Johannesbrief (4,16) steht der schöne Gottesname: »Gott ist Liebe.« Das besonders Schöne an dieser Liebe Gottes ist, menschlich gesehen, dass sie nun vor allem den Christen gilt.

Das Denkmuster der Erwählung gab es zwar schon viel früher. Die alten Ägypter haben es an Israel vererbt, und die Christen haben es von Israel übernommen. Christen wissen sich durch Christus Gott näher als alle anderen: *Wir* haben durch Christus gewissermaßen den direkten Draht zu Gott. Das ist bis heute so geblieben. Jedes dritte Gesangbuchlied spricht irgendwann davon. Obwohl wir nach wie vor bekennen, dass es nur *einen* Gott gibt und dass *er alle* Menschen schafft. Er schafft die Fremden und Nichtchristen in unserem Land genauso wie uns, und natürlich hat er auch alle diejenigen, die uns nicht lieb, sondern feind sind, geschaffen wie uns. Selbst diejenigen, die wir moralisch verurteilen.

II.

Genau an dieser Stelle kommt aber ein Problem mit dem »lieben Gott« auf. Denn Jesus selbst hat den Glauben, dass der *eine* Gott alle Menschen geschaffen hat und weiterhin schafft, in eine Richtung hin zugespitzt, die wir nur schwer ertragen können: Gott, sagt er, *schafft* nicht nur alle Menschen, sondern er *liebt* sie auch alle. Wodurch wir Menschen uns auch immer unterscheiden und nach welchen Maßstäben wir uns gegenseitig beurteilen und verurteilen, miteinander verbünden oder voneinander scheiden mögen: Der neue Maßstab, den Jesus mit der Liebe Gottes verbindet, steht darüber: »denn Gott ist selbst gegen die Undankbaren und Bösen gütig«. So haben wir es mitten im Evangelium gehört (Lukas 6,35).

Hier, in diesem Satz, steckt ein Teil der religiösen Revolution Jesu Christi. Dass Gott selbst den Undankbaren, ja, denen, die Böses tun, mit gütiger Liebe und mit Barmherzigkeit antwortet, stellt alle Vorstellungen von irdischer Gerechtigkeit auf den Kopf. Aber gerade darin äußert sich die neue, mit Jesus Christus verbundene Gerechtigkeit Gottes. Die macht Ernst damit, dass alle Menschen Geschöpfe Gottes sind und ihr Leben von ihm haben. Er durchbricht die alte Gerechtigkeitsvorstellung, die will, dass Gleiches mit Gleichem vergolten wird. Denn Jesus hat wie kein anderer erkannt, dass diese Art, Gerechtigkeit herstellen zu wollen, neues Unrecht schafft. Denn diese Logik schließt ja ein, dass jede Form von seelischer oder körperlicher Gewalt wieder mit einer Form von Gewalt eingedämmt oder ausgeglichen werden muss. Das führt dazu, dass sich das System von Gewalt und Gegengewalt fortsetzt, ja, verselbständigt und zum wahren Herrscher der Welt wird.

Ein solches System lässt Liebe und Güte keine Chance. Es lässt auch Gott keine Chance, gütig und barmherzig zu sein. Es lässt der Vergebung keine Chance und dem Frieden keine Chance. Der Anfang des 21. Jahrhunderts hat auf schreckliche Weise belegt, wie das Herrschaftssystem aus Gewalt und Gegengewalt selbst die westlichen Rechtsstandards außer Kraft zu setzen versteht. Dass die Führungsmacht der weltlichen Welt Konzentrationslager baut und Foltermethoden benutzt, die auf die Entwürdigung der Feinde zielen, ist ein trauriges Kapitel und nur als Vergeltung für den 11. September 2001 zu verstehen. Aber gerade darin stellt es auch einen Rückfall dar, der die Menschenwürde verletzt.

III.

»Liebet eure Feinde; tut wohl denen, die euch hassen; segnet die, welche euch fluchen; bittet für die, welche euch beleidigen!« In Summa: »Seid barmherzig, wie euer (himmlischer) Vater barmherzig ist!« (Lukas 6,27.36) Jesus bringt *die* Liebe ins Spiel, die eine wirkliche *Himmels-*

macht ist, eine wirklich *göttliche* Macht. Sie macht *nicht* die Gegenliebe zur Bedingung. Sie stellt überhaupt keine Bedingung. Sie hat ein *Ziel*, auf das hin sie liebt und gütig ist: Frieden im Zusammenleben zu schaffen, Hass abzubauen, Neuanfänge möglich zu machen. Und das geht nur, wenn wir uns gegenseitig nicht mehr in der Vergangenheit festhalten, in der wir aneinander schuldig geworden waren, sondern uns freigeben.

Das ist der Sinn der Feindesliebe. Sie weiß, dass die Vergeltung von Gleichem mit Gleichem die Ursache dafür ist, dass sich ein zwischen Menschen und Völkern aufgebrochener Unfriede verselbständigt und fortsetzt. Sie weiß, dass die Bevorrechtigung der einen Hass bei den Benachteiligten schafft. Sie weiß, dass die ganzen völkischen und religiösen Fronten, die Selbstüberhebungen der einen über die anderen, genauso wie der Anspruch, *die* Wahrheit zu besitzen, Instrumente des Unfriedens sind, die heute die Kämpfe und Kriege von morgen vorbereiten. Schluss damit!, ist die Botschaft Jesu. Und weil einer anfangen muss, den *Circulus vitiosus*, den Kreislauf des Bösen, zu durchbrechen, weist er sich selbst und den Christen die Rolle zu, damit anzufangen: Er wehrt sich nicht mit Gewalt, als ihm Unrecht geschieht. Dass er im Leben der Christen lebendig geblieben ist, so dass wir von seiner Auferstehung reden können, bezeugt bis heute, dass dies der neue Weg ist, mit Gewalt umzugehen. Ja, da hat eine neue Welt angefangen. Da, wo der Liebe und ihrer besonderen Kraft zugetraut wird, den Kreislauf von Schuld und Vergeltung durchbrechen zu können; da, wo geglaubt wird, dass Liebe und Güte aus sich selbst die Kraft haben, menschliche Beziehungen zu verbessern. Aber Liebe und Güte brauchen, um eine Chance zu haben, Geduld und Zeit.

Dafür hat Jesus ein Beispiel gegeben und seinen Peinigern vom Kreuz herab vergeben: »Vater, vergib ihnen, denn sie wissen nicht, was sie tun.« Das ist der Überschuss, »das gute, vollgedrückte, gerüttelte, überfließende Maß« (Lukas 6,38) an Feindesliebe, mit dem wir Unrecht beantworten und in die Schranken weisen können. Noch hat das Christentum aber nicht versucht, zur Veränderung der Welt genauso entschieden auf Liebe, Güte und Feindesliebe zu setzen wie Jesus. Die gegenwärtige Schwäche des Christentums kommt daher, dass wir Jesus darin nicht folgen.

Es ist ja wahr: Jede Beleidigung und Kränkung, jedes Unrecht, das wir erleiden müssen, aber auch jede Enttäuschung von nahen Menschen, bringen uns in eine schwere Krise. Soll man das hinnehmen? Schmerz, Wut und Ehrgefühl sagen oft ganz klar: Nein! Sollen wir trotzdem Jesus folgen und bei der Bereitschaft bleiben zu vergeben? Also trotzdem der Feindesliebe eine Chance geben? Oder fallen wir in die Welt *vor* Jesus zurück? Die Antwort auf diese Frage hat nicht nur für uns selbst Bedeutung. Es gehört zu der großen Würde und schweren Bürde unseres Menschseins, dass wir als einzelne Menschen mitentscheiden, wohin sich das Leben entwickelt. Gottesdienste sind dazu da, dass wir gemeinsam die Jesus-Überlieferung erinnern, um im Hören auf *Jesu* Weg *unseren* Weg zu finden. Dass wir uns gegenseitig darin bestärken, seinen Weg zu gehen, dazu gibt es Gemeinde.

Und wenn ihr könnt, sagt dazu: Amen.

Der Sündenfall war unser Glücksfall

Invokavit, Katharina-von-Bora-Haus in Berg am 13. Februar 2005; 1. Buch Mose 3

I.

Es gibt kaum eine biblische Erzählung, die so massiv eingewirkt hat auf die Vorstellung, die wir Menschen von uns selbst haben, wie die Erzählung von Adams und Evas »Sündenfall«. Wer sind wir? »Gefallene Geschöpfe, angewiesen auf den Sühnopfertod des Erlösers«, sagt die kirchliche Tradition. Und wie sind unsere inneren und äußeren Zielsetzungen zu bewerten? »Als von der Erbsünde und der durch sie bedingten Sterblichkeit geprägt«, sagt diese Tradition auch. Diese Antworten werden freilich nicht von der Predigt Jesu abgeleitet, sondern von einem *vorchristlichen* Gottes- und Menschenbild. Darum geht es heute zuerst.

Die Sündenfallgeschichte ist eine sehr grundsätzlich gemeinte Erzählung. Das hören wir sofort. Sie ist prallvoll von theologischer Lehre, hat Katechismuscharakter. Katechismen sind Glaubenslehre und Glaubenshilfe. Aber müssen, ja, *können* wir der Lehre folgen, die ihre Erzähler mit ihr ausgedrückt haben und die der Kirchenvater Augustin später auf die Spitze getrieben und zur Lehre von der Erbsünde gemacht hat? Ich glaube: Nein. Denn auch diese biblische Glaubenslehre muss sich ja die prüfende Frage gefallen lassen, ob sie zu dem passt, was Jesus uns von Gott verstehen und glauben gelehrt hat. Die Antwort auf diese Frage aber lautet: Nein. Sie passt nicht zu Jesu Gottesverkündigung. Aber sehen wir uns an, wie unsere Geschichte entstanden ist.

Die Sündenfallerzählung hat einen uralten mythischen Stoff aufgegriffen, der schon zweitausend Jahre lang erzählt wurde, ehe das 1. Buch Mose geschrieben worden ist. Wollen wir aber wissen, wie wir *Christen* diese Geschichte verstehen können, müssen wir erst einmal fragen, warum *jüdische* Theologie den alten Stoff aufgenommen und so umgeformt hat, wie wir ihn am Anfang der Bibel lesen. Wir müssen also ein wenig literarische Archäologie betreiben, etwas graben, um sie zu verstehen.

II.

Doch die literarische Archäologie führt uns zuerst zu einer altbabylonischen Überlieferung zurück, zu dem Epos von Gilgamesch, ins 3. Jahrtausend vor Christus. Gilgamesch ist König von Uruk, einer Stadt nahe dem heutigen Bagdad. Durch den Tod seines geliebten Freundes Enkidu, mit dem zusammen er wahre Heldentaten vollbracht hatte, ist der Tod als grausame Realität in sein Leben getreten. Er erkennt, dass auch er selbst sterblich ist. Er verliert seine bis dahin gewaltigen Kräfte, bricht innerlich zusammen und kennt nur noch eine Frage: Gibt es ein Mittel, das mich im Leben hält? Wie und wodurch finde ich eine Möglichkeit, die Vergänglichkeit zu besiegen, ein Mittel, zu *bleiben*?

Gilgamesch sucht dieses Mittel ganz gezielt durch den Rat der *Götter*. Sie allein sind *un*sterblich. Der Mensch nicht. Wenn es ein Mittel gibt, Unsterblichkeit zu erlangen, müssen es die Götter kennen. Der Gott Utnapischtim lässt sich schließlich von Gilgameschs Bitten erweichen, weil er selbst einmal sterblich gewesen war. Aber er verlangt dem Gilgamesch eine wahre Odyssee ab, um an dieses Wunderkraut zu kommen. Wie im Märchen sagt er: »Ein Verborgenes, Gilgamesch, will ich dir enthüllen, Und ein Unbekanntes will ich dir sagen: Es ist ein Gewächs, dem Stechdorn ähnlich, wie die Rose sticht dich sein Dorn in die Hand. Wenn deine Hände dies Gewächs erlangen, findest du das Leben.« (11. Tafel, Z. 266-270) Gilgamesch findet den Stechdorn, will ihn nach Uruk bringen und dort zu sich nehmen. Doch unterwegs geschieht das Unfassbare: Eine Schlange stiehlt ihm das Gewächs und frisst es selbst auf. Gilgamesch geht leer aus. Um dennoch etwas zu haben, was sein sterbliches Leben überdauert, baut er die sagenhaft gewordene, mehr als neun Kilometer lange Stadtmauer von Uruk, deren Grundmauern noch heute zu besichtigen sind.

Das Gilgamesch-Epos zeigt den Menschen als *tragische* Gestalt. Es ist eine Tragik, die uns bis heute rührt, weil auch *uns* der Tod erschreckt, wenn er plötzlich dicht neben uns geschieht, einen Menschen wegreißt, der uns etwas bedeutet, zu unserem Leben gehört hat. Erst dann betrifft er uns. Erst dann fängt *der* Tod, den wir ja immer nur von anderen kennen, an, *unser* Tod zu werden. Und dann plötzlich wissen wir nicht nur, dass *alle* Menschen sterben müssen, sondern dass der Tod *uns* selbst betrifft. Es gibt keinen oder keine unter uns, die dann *nicht* fragen würden nach einem Mittel, das uns *bleiben* lässt. Das Gilgamesch-Epos hilft uns, dass wir Menschen uns auf das besinnen, was wir sind und können, und uns dabei auf das Menschenmögliche beschränken. Die Schlange ist dabei eine Konkurrentin des Menschen, ist listig. Aber böse, oder gar der Satan, ist sie nicht. Sie tut, was der Mensch auch tut: Sie nimmt, was sie kriegen kann.

III.

In der *jüdischen* Bearbeitung, mit der wir es zu tun haben, hat die alte Geschichte ein neues Gesicht bekommen. Trotz aller erzählerischen Feinheiten ist sie eine *vorwurfsvolle* Erzählung geworden. Sie fügt zum Baum des Lebens einen zweiten Baum hinzu mit Früchten, die verheißen, dass wer von ihnen isst, Gut und Böse unterscheiden könne. Und sie macht aus der Schlange schon eine fast satanische Figur, eine Konkurrenzgestalt zu *Gott*. Durchweht wird die Erzählung nicht mehr von der Tragik, dass wir Menschen ein Leben lang lernen müssen, unsere Endlichkeit zu akzeptieren und herauszufinden, was dem Leben dient, also was gut oder böse ist. Doch das Tier weiß, dass das Leben schwer ist, und kann den Menschen raten, sich das nötige Wissen zu verschaffen. Und es behält recht: Die Menschen sterben nicht durch den Sündenfall. Umso schärfer trifft sie nun der Vorwurf, das Verbot Gottes missachtet – und damit die Sünde in die Welt gebracht zu haben. Fortan ist Sünde vor allem und wesentlich Ungehorsam gegen Gottes Tora. Und für diesen Ungehorsam wird unsere Gattung als ganze bestraft: Wir müssen in allem, was wir tun, *leiden*. Frauen und Tiere kommen besonders schlecht dabei weg. Und das Verhältnis von Mensch und Tier wird mit dem Fluch der Feindschaft vergiftet. Ja, das Bild eines unseren Ungehorsam rächenden Gottes wird als Schatten auf das Leben der ganzen nachparadiesischen Schöpfung gelegt.

Der Gedanke allerdings, den Ungehorsam von Adam und Eva mit unserem Tod in Verbindung zu bringen, taucht erst bei Paulus auf (Römerbrief 6,21-23; 1. Korintherbrief 11,27-30) und ist von Augustinus theologisch zur Erbsündenlehre ausgearbeitet worden. Wofür die Erzählung vom sogenannten Sündenfall aber, genau besehen, gar keinen Anhalt liefert. Denn Gott droht Adam ja nur an, er, der Sterbliche, werde *an dem Tag* sterben*, an dem er von dem verbotenen Baum isst*. Adam wusste also, was der Tod ist und dass die Menschen sterblich sind. Sonst hätte Gottes Drohung gar keinen Sinn gehabt.

In der Sündenfallgeschichte, liebe Gemeinde, geht es nicht mehr um die tragische Endlichkeit unserer menschlichen Existenz, die überall aufbricht, wenn der Tod in unser Leben einbricht. Adam und Eva müssen in der biblischen Erzählung vielmehr einen *programmatischen* Sündenfall durchexerzieren. Denn sie sündigen gegen ein göttliches Verbot – und das war ein Thema, das die Priestertheologen beschäftigt hat, die den jüdischen Tenach, unser Altes Testament, als letzte Redakteure bearbeitet haben. Dabei spielt es eine untergeordnete Rolle, ob dieses Gesetz Tora oder Bergpredigt heißt. In der Idee geht es um den absoluten Gehorsam. Und weil wir Menschen dieser absoluten Forderung weder folgen können noch wollen, müssen wir bestraft werden und fluchbelastet leben.

Jahrhunderte lang hat der Gedanke, dass *Leiden und Tod Strafen Gottes* für menschlichen Ungehorsam sind, den Glauben von Juden und Christen bestimmt und die Seelen der Menschen gegen Gott aufgebracht. In jeder Katastrophe ist er wieder da, dieser Gedanke, dass es sich um eine Strafe Gottes handeln könnte. Und nicht zuletzt die biblische Erzählung von der Sintflut, durch die Gott seine Schöpfung bis auf wenige Exemplare aller Gattungen vernichtet hatte, liefert dafür das Denkmodell. Nimmt man einen modernen Begriff zu Hilfe, war die Sintflut weit mehr als ein Genozid, nämlich ein Biozid, eine Tötung fast allen Lebens auf der Erde. Je mehr Menschen heute bei Katastrophen sterben, umso eher taucht die Sintfluterzählung wieder auf und tritt als Deutungshilfe vor allem neben das Phänomen Tsunami. Das hat die schreckliche Flutwelle in Südostasien gezeigt. Damit aber lebt auch das alte Bild vom strafenden, ja, rächenden Gott wieder auf, der die Sünde der Menschen verfolgt – und dem dabei angeblich jedes Mittel recht ist.

IV.

Tragisch ist das, finde ich, auch. Es ist die Tragik einer Gottesvorstellung, die in sich zerrissen ist. Auf die Predigt Jesu kann sie sich nicht berufen. Jesu Gottesvorstellung ist nicht in sich zerrissen. Bei ihm erleben wir Gott als den, den wir ansprechen sollen, »wie die lieben Kinder ihren lieben Vater«, wie es Martin Luther im Kleinen Katechismus geraten hat. Kein Wort ist bei Jesus zu finden, das sagte, wir seien sterblich, weil Adam und Eva Menschen werden wollten wie wir, die Gut und Böse unterscheiden können und die aus der paradiesischen Kinderstube endlich heraus, die also erwachsen werden wollten. Kein Wort davon, menschlicher Ungehorsam gegen Gottes Gebote sei die Ursache dafür, dass die irdischen Geschöpfe sterben müssen oder dass es Katastrophen wie eine Flutwelle gibt. Kein Wort davon, dass ein Menschenopfer Gott gnädig stimmen könnte oder gar müsste, weil der Sündenfall alle Menschen verdorben hätte.

Wahr ist: Wir sind als sterbliche Wesen geschaffen wie alle anderen Geschöpfe auch. Der christliche Glaube ändert nichts an unserer Sterblichkeit. Aber er hilft, dass wir im Glauben besser leben und sterben können: Besser heißt: im Glauben daran, in Gottes Liebe geborgen zu sein. Und wir können aus unseren Erfahrungen lernen, dass der Tod zum Leben hinzugehört, ja, dass wir alles andere, aber keine *Menschen* geworden wären, könnten und *müssten* wir als Individuen ewig auf der Erde leben. Die Sterblichkeit bewahrt uns vor der endlosen Vergreisung. Darum können wir dankbar sein dafür, dass Adam und Eva nicht vom Baum des Lebens haben essen können und ihre Sterblichkeit, ihr Menschsein, bewahrt haben. Der Sündenfall war also in Wahrheit unser Glücksfall.

Wir leben auf einer Erde, die in Bewegung ist und die uns immer wieder tragische Erfahrungen beschert. Davon zeugen nicht nur die Erdbeben und Sonneneruptionen, sondern davon zeugt auch die Tatsache, dass Menschen und Tiere und Pflanzen nur eine begrenzte Zeit leben können und sterben müssen, dass aber täglich neue Menschen und Tiere und Pflanzen *geboren* werden. Die Schöpfung geht weiter. Aber zu diesem sterblichen Leben gehören tagtägliche Risiken, die einzelnen, oder vielen von uns auf einmal, das Leben kosten können. Das Wissen darum *verbindet* uns mit Gott, aber es *macht* uns nicht zu Göttern und Göttinnen. Es macht uns verantwortlich für das, was wir tun. Denn dass wir das Gute tun und das Böse lassen können, *setzt voraus*, dass wir Gut und Böse unterscheiden können. Das Nachdenken darüber macht die Würde und Bürde des Menschseins aus. Es zu lernen, ist kein Vergehen gegen Gottes Ehre, wie es die Sündenfallerzählung noch lehrt. Ethisch verantwortlich zu leben, ist im Gegenteil der Grundauftrag der Bergpredigt.

Unser Lebensrecht als Gottes Geschöpfe hängt nicht davon ab, dass uns der absolute Gehorsam gelänge. Denn Gottes Gebote sollen zum Leben helfen und nicht zu unserer Demütigung dienen. Je mehr wir davon verwirklichen können, desto besser. Aber das zu sagen heißt gerade nicht, dass wir nur ein Lebensrecht hätten, wenn wir sie *alle* verwirklichten. Sie verpflichten uns, zu tun, was wir zu tun in der Lage sind, um miteinander in Frieden leben und Katastrophen vermeiden zu können, so gut es geht. Leiden, die unvermeidlich sind, müssen wir als Schicksals- und Solidargemeinschaft miteinander tragen. Wir müssen das Menschenmögliche für das Wohlergehen der Geschöpfe tun. Das ist die Basis aller Kultur.

Wo wir das Menschenmögliche versäumen, laden wir Schuld auf uns und bedürfen der Vergebung. Dass wir auf Vergebung hoffen können, ist Gottes Wille für uns. Er teilt das Leben mit uns und allen anderen Geschöpfen. Seit der Jesus-Geschichte wissen wir, dass Gott uns leiden kann. Er weiß um unsere menschliche Tragik, dass wir zwar über den Tod hinaus *denken* können, ihn aber dennoch vor uns haben. Jesus hat am Kreuz die Liebe zu uns nicht verraten, obwohl er den Tod vor Augen hatte. *Darum* ist das Kreuz der Baum des Lebens geworden. Und deshalb brauchen wir uns nicht nach einem Paradies der

Ahnungslosigkeit zurückzusehnen, in dem Adam und Eva letztlich noch Embryos waren. Denn wir haben das Glück, dass wir Menschen sind, unsere Lebens- und Leidenserfahrungen miteinander teilen und dabei wissen können, dass Gott mitten unter uns ist.

Und wer mag, sagt dazu: Amen.

»Wie mich der Vater gesandt hat, so sende ich euch«
Ostersonntag, St. Johann Baptist Berg am 27. März 2005
zur Einführung eines opferfreien Abendmahls mit vorge-
zogener wechselseitig gesprochener offener Schuld und
Vergebung; Johannes 20,19-23

I.

Es ist merkwürdig, wie lange wir Christen uns – jedenfalls
in Europa – mit den Fragen beschäftigt haben, die den
Leib des Auferstandenen und das sogenannte »leere Grab«
betreffen – und dann natürlich auch mit der Frage, wie
wir denn einmal auferstehen werden. Die Wie-Frage
meint die Leiblichkeit, gewissermaßen die Substanz oder
Materie. Die Frage ist alt und schon ausführlich von Paulus im 1. Korintherbrief (15,35-55) behandelt worden. Sie
entsteht für Menschen in unserer abendländischen Kultur,
weil wir sofort die materiale Machbarkeit eines Gedankens geklärt haben wollen, wenn wir ihm erst einmal begegnet sind. Also: Auferstehen – ja. Aber, wie denn, bitte,
geht das vor sich?

Ich bin inzwischen fest davon überzeugt, dass sich die
biblische Erzählung vom sogenannten »leeren Grab«, wie
wir sie vorhin aus dem Markusevangelium gehört haben,
einem auf die Substanzfrage fixierten Denken verdankt,
das auf die altägyptische Bezeichnung für »Grab« übertragen worden ist. Im Ägyptischen hat »Grab« nämlich, wie
ich von einem Freund gelernt habe, nichts mit Graben
und Grube zu tun, sondern bedeutet, genau übersetzt:
»der Ort, an dem man (von den Toten) aufersteht«. Denkt
man diesen Gedanken mit der Tatsache zusammen, dass
in einem Grab ein Leichnam liegt, dann legt sich das Miss-
verständnis schnell nahe, aus dem »Ort, an dem man aufersteht«, ein leeres Grab zu machen. Da ist der Gedanke
von der Auferstehung gewissermaßen zu Ende gedacht

worden. Aber er ist dabei auch materialisiert worden. Und das ist das Problem.

Denn wenn wir Ostern und Auferstehung als Frage an die Materie verstehen und mehr wissen wollen, als dass sich im Sterben und danach alles verwandelt, dann bleiben wir auch an dieser Frage hängen. Denn wir können sie nicht beantworten. Da keiner von uns auf die Rückseite des Todes schauen kann, bevor er selbst gestorben ist, können wir nur sagen, dass es diese große Metamorphose geben wird. Auch die Erzählungen von der Auferstehung Jesu stammen ja nicht aus Jesu Feder, sondern sind Erlebnisberichte der Jünger. Sie erzählen von der Begegnung mit dem Auferstandenen, und zwar unter irdischen – und nicht unter himmlischen Bedingungen. Die Rede von einer Himmelfahrt Jesu und ihre leiblichen Darstellungen gehen deshalb im Grunde schon zu weit und führen unser Denken in die Irre.

In die Irre führen solche materialisierten Grenzüberschreitungen, weil sie den Blick für die veränderte Wirklichkeit verstellen, die die Begegnungen einer Reihe von Menschen mit dem auferstandenen Jesus geschaffen haben. Diese Veränderungen kommen dann nicht in den Blick, obwohl sie die Strukturen der vorchristlichen jüdischen und hellenistischen Religionen tief verändert haben und pures Evangelium enthalten. Von solchem Osterevangelium erzählt unser Abschnitt aus dem Johannesevangelium, und ich habe die Hoffnung, dass unsere heute in veränderter Gestalt gefeierte Liturgie einen Zipfel davon in unsere gemeindliche Wirklichkeit zu bringen vermag.

II.

Dass Jesus durch verschlossene Türen zu den Jüngern geht, klärt zuerst einmal, dass der Auferstandene wirklich einen neuen, anderen Leib hat als wir. Und es sagt in aller paradoxen Klarheit: Der Gekreuzigte und Gestorbene ist nicht verschwunden, sondern bei seinen Jüngern. Er ist nicht einfach ins Leben zurückgekehrt. Seine neue Gegenwart soll das Leben der in ihrer Angst eingeschlossenen Jünger verändern, aufbrechen. Und das kann nur in ihrer Seele geschehen. Der Hauch des göttlichen Lebensgeistes reicht aus, sagt die Erzählung, um aus der Angst heraus und in die Freude hineinzufinden.

Welche Angst schließt die Jünger ein wie in einem Gefängnis? Die Angst vor dem Alleingelassensein, aber auch die Angst vor dem Tod. Sie fürchten, dass sie als Komplizen Jesu ebenfalls gefangen und hingerichtet werden. Und wie überwindet der Auferstandene ihre Angst? Er nimmt sie in seinen Christusdienst am Leben hinein, indem er sie sendet: »Wie mich der Vater gesandt hat, so sende ich euch.« Der Christusdienst ist mit Jesu Tod nicht beendet, sondern wird zur Lebensaufgabe der Jünger. Sie sind nun seine Gesandten, auf Griechisch: Apostel. Und das gilt für alle Christen und Christinnen.

Und worin besteht nun dieser Dienst? Worin wird er wirksam? In der Vergebung der Sünden. In nicht mehr und in nicht weniger als in dieser ungeheuren Vollmacht, die in den alten Religionen Gott allein und den Priestern der entsprechenden Kulte vorbehalten geblieben war. Die Vollmacht, Menschen die Sünden zu vergeben, hat Gott auf Jesus übertragen, und der hat sie als den großen Dienst am Leben inszeniert. Das ist die Jesus-Revolution. Denn nur, wenn Vergebung im Leben der alltäglichen Menschen, in ihrem Mit- und Gegeneinander, wirksam wird, kann sie ihre Kraft entfalten. Also hat er selbst davon reichlich Gebrauch gemacht, auch gegenüber Berufsverbrechern und notorischen Sündern und Huren. Nach Gottes Willen und Liebe sollen sie leben. Sie sollen von Gottes *Liebe* bekehrt werden und nicht durch Zorn und Drohung. So wirkt das Heilandswerk der Vergebung.

Darum konnte dieses Heilandswerk mit Jesu Tod aber auch nicht enden. Vergebung wird jeden Tag gebraucht, weil wir immer wieder Menschen die Nächstenliebe schuldig bleiben. Und also schickt Jesus Christus die Jünger, die Christen, aus, Sünden zu vergeben. Er macht uns mit dem Lebenshauch des heiligen Geistes zu *Christussen*, wie Luther einmal kühn gesagt hat, und gibt uns den einen großen Auftrag: Menschen, die vieles schuldig bleiben und an manchen schuldig werden, ihre Schuld zu vergeben. Vergeben heißt: Menschen die Freiheit zu handeln zurückzugeben, sie loszumachen aus der Gefangenschaft der Schuld – kurz: uns Menschen unserer unverlierbaren Gotteskindschaft gewiss zu machen. Das ist Heilandsarbeit, Liebesdienst, Lebensgeschenk.

III.

Aber wer legitimiert uns gegenüber der Welt und den Religionen, auch gegenüber der katholischen Kirche, die doch klare Regeln dafür kennen, wer Sünden vergeben darf? Bei der Fußwaschung (Johannes 13,1-17) hatte Jesus den Jüngern gesagt: »Ein Beispiel habe ich euch gegeben, dass ihr einander lieben sollt, wie ich euch geliebt habe.« »Daran wird jedermann erkennen, dass ihr meine Jünger seid, wenn ihr Liebe untereinander habt.« Liebe ist jenseits des Intimbereiches von Partnerschaft und Familie vor allem und immer wieder die Bereitschaft, zu vergeben und zu trösten. Diese Bereitschaft haben wir nur, weil wir geschickt worden sind. Und nur im Vertrauen auf Gottes bedingungslose Liebe, nicht im Vertrauen auf heldenhafte Liebeskräfte oder ein Amtspriestertum. Nein: Nur als Geschickte sind wir geschickt genug zu vergeben. Daran müssen wir als Evangelische festhalten – auch gegenüber Tendenzen in unserer Kirche, das Amtspriestertum neu zu betonen.

Die Religionen haben Vergebung immer an Opferkulte und Opfermahlfeiern gebunden – und an Amtspriester.

Diese Fesseln hat Jesus in unerhörter Kühnheit aufgebrochen. Er hat Vergebung direkt und ausschließlich von Gottes Liebe und Geist hergeleitet. Das hat die Reformation wieder erkannt und deshalb gelehrt, *die Taufe ordiniere* alle Christen durch die Gabe des heiligen Geistes zum allgemeinen Priestertum. Ja, da war wirklich von Ordination die Rede. Das gilt für eine jede und einen jeden von uns auch, so ungewohnt dieser Gedanke uns inzwischen leider ist. Aber wir können es wieder lernen, dieses nichtamtliche Priestertum, und praktizieren. Die Liturgie ist dafür der richtige Ort. Und die Erneuerte Agende, unser Gottesdienstbuch, gibt uns dafür Raum. Denn es schreibt ja nur gewisse Rahmenvorgaben fest, überlässt den Rest aber den Kirchen und Gemeinden zur Gestaltung. Leider enthält sie kein Formular für den Vergebungsdienst, das das allgemeine Priestertum berücksichtigte. Doch was fehlt, kann ja nachgeholt werden. Und wir werden es heute tun.

IV.

Deswegen stellen wir heute *vor* die Abendmahlsfeier ein Eingeständnis, dass wir vielen vieles schuldig bleiben, weil wir es untereinander an Ehrfurcht und Liebe fehlen lassen. Und danach sprechen wir uns gegenseitig auf unsere Bitte um Vergebung hin los. Da sind wir füreinander Priesterinnen und Priester der Liebe Gottes, Christi Gesandte, geschickt, zu vergeben. Und wir machen damit deutlich, dass wir uns Vergebung von Gott nicht an denen vorbei geben lassen dürfen, an denen wir schuldig geworden sind.

Die Abendmahlsfeier selbst aber hat nichts mit Sündenvergebung zu tun, wie Paulus, Markus, Lukas und Johannes bezeugen. Darum können wir uns wieder ganz auf die Lebensgaben Gottes Brot und Wein konzentrieren. Denn Eucharistie nennt das Stichwort des Dankes. Deshalb kann auch unsere eigentliche Abendmahlsfeier alles das wieder loslassen, was die Kirche nach Ostern aus anderen Opferkulten übernommen und mit der Mahlfeier Jesu verbunden hat. Wir können vermuten, dass Jesus als Hausvater seiner Jünger beim Brechen des Brotes und Ausgießen des Weines auf seinen bevorstehenden Tod zu sprechen gekommen ist. Aber er hat das Brot nicht mit seinem Leib und den Wein nicht mit seinem Blut gleichgesetzt noch gar seinen Jüngern den Leib zu essen und vom Blut zu trinken gegeben. Und da Jesus sonst nie den Begriff des Bundes verwendet hat, ist es auch mehr als unwahrscheinlich, dass er an seinem letzten Abend noch eine neue Bundestheologie skizziert haben sollte. Näher liegt, anzunehmen, dass er, wie bezeugt, in dieser abschiedlichen Stunde vorausgeschaut hat auf ein erhofftes Mahl mit den Jüngern im kommenden Reich Gottes. Beim Mahl selbst aber, in dem wir heute die Lebensgaben Gottes feiern, wird Jesus Christus in unserer Mitte sein – wie in allem, was wir in seinem Namen tun.

So kann hier in Berg Ostern sein, wie es damals Ostern geworden ist: Indem wir unsere große Würde, Gesandte Jesu, ja, Gottes Gesandte zu sein, in der Feier der Vergebung und in der Feier der Lebensgaben Gottes ergreifen und dadurch die Gegenwart des Auferstandenen in unserer Mitte erleben. Der Geist Gottes wird uns erfahren lassen, dass alle Fragen nach der *Materie* seiner Gegenwart überflüssig geworden sind, wenn wir erleben, welche Würde und Freiheit seine Gegenwart uns schenkt.

Und wenn ihr mögt, sagt dazu: Amen.

Jesus zeigt das neue Gesicht Gottes

Sonntag Judika, Hamburg-Blankenese am 25. März 2007;
Johannes 13,15.34-35

Von Paul Gerhardt, dem großen Dichter des Pietismus,
stammt das Lied »O Welt, sieh hier dein Leben am Stamm
des Kreuzes schweben, dein Heil sinkt in den Tod«. Es be-
singt den Tod Jesu als Heilsgeschehen, seine Hinrichtung
als Gottes Heilsgabe für uns Menschen. Das passt zum
alten Glauben, dass die »Früchte« seines Todes im Abendmahl, in der Eucharistie, an die Gläubigen ausgeteilt werden: »Christi Leib, für dich gegeben – Christi Blut, für dich
vergossen« – am Kreuz dahingegeben zur Vergebung unserer Sünden.

Vor allem der Apostel Paulus und der Schreiber des He-
bräerbriefs haben Jesu Hinrichtung als blutiges Heilsdrama
verstanden. Jesus musste leiden, sagen sie, und zwar nicht
wegen eigener Schuld, sondern wegen fremder, nämlich
unser aller menschlicher Schuld. Stellvertretend habe er
sterben müssen, um Gott und Menschheit zu versöhnen. In
Anlehnung an eine alttestamentliche Opferpraxis verban-
den diese Theologen die Vergebung Gottes mit einem blutigen Sühnopfer: Erst wenn das Blut eines Tieres zur Sühne der Schuld vergossen worden war, konnte der Priester
in Gottes Namen einem Menschen vergeben.[1] Entsprechend heißt es im 1. Johannesbrief, das Blut Jesu »reinigt
uns von aller Sünde« (1,7). Paul Gerhardts Lied hat die Zu-
stimmung zum Sühnegedanken, der auch das christliche
Verständnis von Heil und Vergebung geprägt hat, drastisch
formuliert: »Ich bin's, ich sollte büßen an Händen und an
Füßen gebunden in der Höll'; die Geißeln und die Bande
und was du ausgestanden, das hat verdienet meine Seel'.«

---

[1] 3. Buch Mose 3,13-21.26.31.35 u. ö.

Hinter dieser Frömmigkeit wird ein Gott sichtbar, der seine Gebote und Verbote durchgesetzt haben will. Menschlicher Ungehorsam darf nicht ungesühnt bleiben, Strafe muss sein (Römerbrief 3,25f.): Todesstrafe und dazu seelische Höllenqualen. Ein gerechter, unerbittlich Gehorsam fordernder Gott inszeniert ein Heilsdrama. Das Äußerste, was er seinen menschlichen Geschöpfen geben kann, ist Gnade. Jahrhunderte lang war Gottes Gnade viel bedeutender als Gottes Liebe. Gnädig war Gott nicht aus sich selbst, sondern nur, weil Jesus die Schuld der Menschen stellvertretend auf sich genommen und mit seinem Tod bezahlt hatte. Gott blieb nach dieser Theologie an das alte Gesetz gebunden, wonach es »ohne Blutvergießen keine Vergebung gibt« – wie es im Hebräerbrief 9,22 heißt. In den Paulusbriefen, dem Hebräerbrief sowie im apostolischen Glaubensbekenntnis sind deshalb nur Jesu Tod und Auferstehung wichtig, sein Leben aber nicht. Gott nimmt die Menschen nur deshalb gnädig an – weil Christus als unser Passalamm ersatzweise für uns geopfert worden ist (1. Korintherbrief 5,7).

Von einer freien, wirklichen Liebe Gottes zu seinen Geschöpfen kann keine Rede sein. Dieser Gott ist ein armer Gott, ein Gefangener seiner eigenen Gehorsamsforderungen, der seine Liebe irgendwann im Recht- und Allmacht-Haben verloren hat – und den die Kirchen in den Strudel ihrer Drohbotschaft hineinzogen haben – einer Drohbotschaft, die mit zunehmender kirchlicher Macht immer liebloser wurde. So wurde dieser Gott auch ein durch seelische und körperliche Gewalt korrumpierter Gott. Sein eigenes Paktieren mit Gewalt legitimierte auch andere, angeblich »heilige Gewalt« wie die Hexenverbrennungen.

Christlich ist das alles nicht gewesen. Christlich kann man nur nennen, was sich wirklich auf Jesu Christi ganzes Leben, auf seine in Wort und Leben ausgesprochene Botschaft berufen kann. Hinter diese Botschaft muss die kirchliche, am Opfermodell orientierte Deutung der Kreuzigung wieder zurücktreten. Heute sehen wir immer klarer, dass im Zentrum der Botschaft Jesu das Zeugnis von der Liebe Gottes steht. Diese Liebe ist durch keine Vorleistung, schon gar nicht durch Blutvergießen, bedingt. Sie ist bedingungslos und unbegrenzt. Der liebende Gott, wie Jesus ihn bezeugt hat, hilft uns zu leben und zu sterben. Aber er hilft uns auch, unsere Freiheit im Rahmen unserer sozialen Verantwortung zu gestalten und nicht zu verzweifeln, wenn wir mit unseren Plänen scheitern. Jesus weiß vor allem, wie liebebedürftig wir sind. Darum gibt er das Beispiel der dienenden Liebe (Johannes 13,15).

Auch damit hat Jesus eine religiöse und theologische Revolution vollzogen. Er hat den durch sein eigenes Recht begrenzten Gott durch einen Gott ersetzt, dessen Logik Liebe ist. Ja, »Gott *ist* Liebe« (1. Johannesbrief 4,8.16). Menschen erkennen im Gott Jesu den Gott, der uns an Liebe übertrifft und uns als bedingungslos Liebender begegnet. Gottes Liebe gesteht jedem Menschen ein unhinterfragbares Lebensrecht zu. Sie fordert es ein, gerade für die Rechtlosen und Entwürdigten. Mehr noch: Jesus bevollmächtigt und beauftragt alle Gläubigen, das Gottesrecht, Sünden zu vergeben, selbst auszuüben. »Wie im Himmel, so auf Erden« – soll Gottes Liebe spürbare Wirklichkeit sein. Darum lehrt Jesus im Vaterunser beten: »Vergib uns unsere Schuld, wie auch wir vergeben haben unseren Schuldigern.« Gottes Liebe gilt allen.

Wer Jesus diese Gottesliebe glaubt, dem bleiben die alten Kreuzes- und Abendmahlslieder beim Singen im Halse stecken. Viele Pfarrerinnen und Pfarrer empfinden es als Qual, aus den für die Passionszeit vorgesehenen Liedern und biblischen Lesungen mit ihrer Sühnopfertheologie etwas für die Gottesdienste auszuwählen. Sie wollen keine Theologie mehr verbreiten, die auf den Kopf stellt, was sie von Jesus und seiner Verkündigung wissen. Sie mögen zwar verstehen, dass Paulus und andere Apostel den Schrecken des Todes Jesu nicht aushalten konnten und dass sie versucht haben, ihm mit dem traditionellen jüdisch-hellenistischen Opfergedanken einen positiven Sinn zu geben. Aber solch eine Deutung ist zeitbedingt, ein glaubensgeschichtliches Dokument, kein für immer gültiges Glaubens*gesetz*.

Ein glaubwürdiger Glaube verlangt nicht die ewige Reproduktion antiker Glaubensvorstellungen, sondern eine Botschaft, die zum Leben in der jeweiligen Gegenwart passt. Sie verlangt eine Transformation des Evangeliums, damit diese Botschaft heute Menschen froh machen kann. Theologie ist eine schöpferische Tätigkeit und vertraut darauf, dass Gott im Geist gegenwärtig ist. Gottes Geist schafft im Heute eine Glaubensgestalt, die zu unserer Kultur und unserem Leben passt. Denn der Sinn des Glaubens ist es, dass wir in *unserem* Leben und Sterben auf Gottes Gegenwart und Liebe vertrauen können.

Bezogen auf die Deutung des Leidens und Todes Jesu heißt das: Für sich genommen ist Jesu Tod kein Heilsgeschehen, er hat Jesu irdischem Leben nichts Neues oder gar Größeres hinzugefügt. Jesu Tod ist vielmehr der letzte, schmerzlichste Ausdruck der aus Liebe geborenen Entscheidung Gottes, sich mit unserem menschlichen Leben zu verbinden und dabei um den Tod herum keinen Bogen zu machen. Gott hat Jesu Sterben weder verursacht noch verhindert. Was Gott mit Jesu Tod zu tun hat, kommt erst an Ostern heraus: Er gibt mit der Auferstehung auf die Hinrichtung Jesu die Antwort, die die Welt der Sterblichkeit und Angst überwindet: »In der Welt habt ihr Angst. Aber seid getrost: ich habe die Welt überwunden« (Johannesevangelium 16,33). Er lässt dem Tod nicht das letzte Wort, sondern gibt es dem Leben.

Muhammad, der Prophet des Islam, hat 600 Jahre später diesen Sinn von Tod und Auferstehung Jesu nicht mehr verstehen können und – wie vor ihm die byzantinische Theologie – bestritten, dass Jesus als Gottessohn wirklich gestorben sei. Statt seiner sei ein anderer gekreuzigt worden, sagt der Koran. Doch was könnte Auferstehung uns Sterblichen helfen, wenn Jesus selbst am Tod vorbeigekommen wäre?

Jesus wurde hingerichtet, weil er das Gottesbild vieler Zeitgenossen entthront hat. Ihr Gott war gerecht und außerweltlich. Mit diesem Gott konnten die Schriftgelehrten Angst machen und Macht über die Seelen der Menschen ausüben. Vertrauen konnte man mit ihm nicht erzeugen. Auch der kirchliche Gott, der Jesu Tod als Sühnopfer für die Sünden der Menschen bezeichnet hat, wirkte ähnlich fatal auf die Gläubigen. Das spüren selbst Kinder, wenn sie sagen, dass sie wegen des Gekreuzigten ungern in eine Kirche gehen. Sie wehren sich heftig gegen den Gedanken, dieser Jesus habe ihretwegen so erbärmlich sterben müssen. Und sie erleben – wie Erwachsene auch: Die im Gottesdienst erteilte Zusage der Vergebung macht sie nicht wirklich froh. Davon sprechen unsere Gesichter beim Abendmahl nur zu oft. Solch ein Glaube schafft keinen Frieden mit Gott, sondern Entsetzen im Herzen darüber, dass es nach Gottes Recht dieses Todes bedurft haben soll.

Es ist Zeit, den christlichen Glauben wieder entschieden auf Jesus und den liebenden Gott zu gründen, und uns von vorjesuanischen Gottesbildern zu lösen. Das geht aber nur, wenn unsere Gottesdienstliturgien auch von der alten Sühnevorstellung befreit werden. Erst dann können wir eine Eucharistie feiern, die Gott für die Fülle der Lebensgaben dankt, die wir von ihm erhalten. Zu ihnen rechne ich die Vollmacht, Schuld vergeben zu können. Sie muss im Gottesdienst eingeübt werden, und zwar so, dass klar wird, dass wir Christen nicht nur Empfänger von Vergebung, sondern untereinander selbst die Vergebenden sind. Und das Kreuz muss als Ausdruck von Gottes Mitleiden mit allen Gequälten und Erniedrigten verstanden werden. Der Glaube gründet nicht darauf, dass Jesus für uns gestorben ist, sondern darauf, dass er für uns gelebt hat und als neues Gesicht Gottes lebendig ist.

Und wenn ihr mögt, sagt dazu: Amen.

Von der Würde und Bürde der Vergebung

Karfreitag, Mariä Himmelfahrt Berg-Aufkirchen am 21. März 2008; Matthäus 6,12 par. Lukas 11,4

I.

Wie oft habe ich den folgenden Satz selbst gesagt und von anderen gehört: *So ist die Welt* oder *So ist das Leben*. Es ist eine resignative Rede, die Unerfreuliches kommentiert, und will sagen: *So sind wir Menschen eben*. Daran kann man nichts ändern.

Einer der Gründe für diese Resignation ist, dass wir die weltverändernden Möglichkeiten, die wir als einzelne Menschen vom Glauben her haben, nicht ernst genug nehmen, sie nicht oder nicht intensiv genug nutzen. Ich bin fest davon überzeugt, dass Jesus nur deshalb nicht vergessen worden ist, weil er die weltverändernden Möglichkeiten, die wir Menschen haben, im Vertrauen auf die Liebe Gottes ernst genommen und mit ihnen ernst *gemacht* hat. Er sagt nicht: Kein Mensch verliert seine Menschenwürde. Sondern er nimmt Herberge im Haus eines konkreten Menschen, der in den Augen der anderen verachtenswert war (Lukas 19,1-10). Und da wird dann für den Leser heute aus dem resignativen Satz *So ist das Leben* plötzlich *So kann das Leben sein, so liebevoll, so voller Würde!* Zum Glück gibt es auch heute Menschen, die uns – durch Erzählung oder in unserer Nähe – dasselbe wunderbare Gefühl vermitteln: *So schön kann das Leben sein*. Als Kriegs- und Flüchtlingskind ist mir das immer so ergangen, wenn mich jemand trotz meines Fremdseins geachtet und gegen Schmähungen in Schutz genommen hat. Ich rede also nicht von betörenden Abziehbildchen, sondern von wirklichen Möglichkeiten. Und ich beschränke mich auf zwei.

II.

Die eine weltverändernde Möglichkeit, die wir Menschen haben, ist das Fürbittgebet. In der einfachsten Form geht es darum, mit guten Gedanken an andere Menschen zu denken, ihnen dies oder das zu wünschen. Nicht im Sinne von Gütern, die sie noch nicht haben, aber gerne hätten. Sondern sie zu begleiten in dem, was sie bewegt, Anteil zu nehmen an ihrem Leben. Wer das *Vater-unser* betet, macht sich ja immer wieder klar, dass sein ganzes Leben und Lebensglück von der Gemeinschaft mit Gott und Menschen abhängen. Wir sind angewiesen auf die Kräfte, die von Gott als dem Grund des Lebens und von Mitmenschen und ihrer Zuwendung zu uns kommen. Es geht um das, was uns verbindet – also um *Geist und Liebe. Das* sind die Kräfte, die in der Schöpfung als Gottes *Lebensodem*[1] gewirkt haben und in jedem neuen Lebewesen auch heute schöpferisch wirken. Geist und Liebe sind die Kräfte, die unser heute so groß herausgestrichenes Ich in Gemeinschaft einbinden, die wir mit anderen Menschen, aber auch mit den übrigen Geschöpfen haben und brauchen, um auf dieser Erde geborgen leben zu können.

Es gibt viele Kräfte, die trennen und auseinandertreiben, nicht zuletzt Herrschsucht und Lebensgier, aber auch Enttäuschung und Hass. Aber es gibt nur zwei Kräfte, die *das* zusammenhalten und verbinden, was das Leben lebenswert macht: Geist und Liebe. Sie sind das, was die Schöpfung beseelt, sind die *Seele* des Lebens. Sie sind lebensbezogene Ausdrücke für *Gott*, Wahrnehmungen Gottes, die jeder und jede in dieser Welt machen können – und um der Liebe Gottes willen auch machen *sollen*.

Geist ist von einem großen Physiker als »das Eigentliche des Wirklichen«[2] bezeichnet worden. Wenn ich das bild-

---

[1] 1. Buch Mose 2,7 in Luthers Übersetzung.
[2] Carl Friedrich von Weizsäcker.

lich ausdrücken will, kann ich sagen: Die Energie Geist ist der Klebstoff, der auch Zellkerne zusammenhält. Geist ist aber auch die Fantasie, die für ein gutes Zusammenleben sorgt. Geist hilft wahrzunehmen, wer die Menschen eigentlich sind, mit denen wir es im Leben zu tun haben, und sucht durch die Klischees und Vorurteile hindurchzukommen, die uns trennen. Geist hilft, die Vielfalt des Lebens schätzen zu lernen, in der sich Gottes Weite und Schönheit spiegeln. Und auch *Liebe* ist eine Lebensgabe, die wir ohne jede Vorleistung bekommen. Liebe nimmt nicht nur wahr, was ist, sondern kann Menschen auch dann ertragen, wenn sie sich anders verhalten, als uns lieb ist. Das Gleichnis vom »verlorenen« Sohn erzählt, welch leidenschaftlicher Liebhaber des Lebens Gott ist.

Gerade aber wenn wir mitbedenken, wie viel Zerstörerisches, Lebensfeindliches und Seelenloses in der Welt geschieht und wie viele Geschöpfe darunter leiden, kommt heraus, wie sehr und wie tief das gelingende, das gute Leben von Geist und Liebe als den Seelenkräften abhängt. Deshalb gilt: Wer sagt: Ich liebe das Leben, ich will das Gute im Leben fördern, ist anderen Menschen und Mitgeschöpfen Geist und Liebe schuldig. Wo diese Kräfte fehlen, ist das Leben defekt. Wo wir sie ins Leben einbringen, verändern wir eine geistlose und lieblose Welt.

III.

Damit bin ich bei der zweiten weltverändernden Möglichkeit angelangt, die wir Menschen haben. Von ihr spricht die fünfte Bitte des Unser-Vater-Gebets, die uns die Evangelien von Matthäus und Lukas in zwei Versionen überliefern.

Vergib uns unsere Schuld, wie auch wir vergeben haben denen, die an uns schuldig geworden sind.

(Matthäus 6,12).

Vergib uns unsere Sünden, denn auch wir vergeben je-
dem, der an uns schuldig wird. (Lukas 11,4)

Die beiden Varianten zeigen durch den wechselnden Gebrauch der Begriffe Schuld und Sünde, dass es dabei nicht
um unterschiedliche Größen geht. Beide Wörter stellen
vielmehr Varianten dessen dar, was Jesus gemeint hat. Bei
Schuld und Sünde geht es um das, was wir Menschen, mit
denen wir im Leben zu tun haben, zu geben schuldig sind
und ihnen dennoch schuldig bleiben. Weil Gott aber will,
dass alle seine Geschöpfe geachtet und geliebt werden, ist
solche Schuld eben auch Gott gegenüber Schuld, also:
Sünde.

Was für unser Verhalten anderen gegenüber gilt, gilt
auch für deren Verhalten uns gegenüber. Alle Menschen
sind, formelhaft gesagt, immer wieder Täter und Opfer einer schuldig gebliebenen Nächstenliebe. So ist es in Familien und in Freundschaften, in der Nachbarschaft und
im Kolleg*innenkreis, bei Einheimischen und Fremden.
Und die von den Verletzungen zurückgebliebenen Wunden in den Seelen sagen, wer uns und wem wir etwas
schuldig geblieben sind.

Ja. So ist das Leben! Beseitigen lässt sich dieses Problem nicht. Aber seine Folgen lassen sich einschränken,
mildern. Und die Kraft, die das vermag, ist die *Vergebung*.
Sie unterbricht den schlimmen Kreislauf aus Schuld und
einer Antwort darauf, die den Schuldigen bei seiner
Schuld behaftet, ja, darauf festnagelt, ihm die Gemeinschaft versagt, weil sie ihm die Schuld nachträgt, wie wir
sagen, wo immer wir ihn sehen. Wo Schuld festgehalten
wird, halten die Verletzten, die Opfer, eine Machtposition
gegenüber denen fest, die an ihnen schuldig sind. Dafür
mag es Gründe geben, die wir alle verstehen können.
Aber so lange Schuld festgehalten wird, bleibt Vergebung
chancenlos. Und so lange Vergebung keine Chance hat,

gibt es auch keinen Frieden zwischen Menschen. Da liegt das eigentliche Problem. Deshalb ist Vergebung so wichtig und mehr als Vergebung: in ihr geht es um das, was Jesus mit der Seligpreisung derer gemeint hat, die Frieden stiften. Wer anderen vergibt, sorgt für den Frieden. Das ist ein so wichtiger Dienst am Leben, dass Jesus die Friedensstifter Gottes Söhne und Töchter genannt hat. Welche Würde!

IV.

Es war eine große Revolution in der Religionsgeschichte, dass Jesus die Vergebung aus allen kultischen Riten im Tempel herausgelöst und in den Alltag hineingezogen hat. Vergebung ist nun kein Priestervorrecht mehr, sondern aller Christen Vollmacht und Auftrag. Im täglichen Gebet des Unser Vater soll sie als Kraft erinnert und als eigene Möglichkeit ergriffen werden. Wie ernst es Jesus damit ist, geht daraus hervor, dass wir die Bitte um Vergebung *unserer* Schuld nur dann an Gott richten sollen, wenn wir bereit sind, denen zu vergeben, die an uns schuldig geworden sind. Das eine schließt das andere ein: unsere Bereitschaft, anderen zu vergeben, und unsere Bitte, dass Gott uns vergebe. Gott ist kein Selbstbedienungsautomat, in den man die Vergebungsbitte wirft und der völlig unabhängig davon funktioniert, wie wir mit denen umgehen, die an uns schuldig geworden sind. Da es unter uns aber keine und keinen gibt, die niemandem etwas schuldig geblieben wären im Leben, betrifft der Vergebungsauftrag als Dienst am Frieden auch alle – und er *dient* allen.

Doch der Vergebungsauftrag bedeutet nicht nur eine ungeheure Würde für uns, sondern manchmal ist er auch eine große Bürde für die Söhne und Töchter Gottes. Vergebung kann eine Bürde sein, wenn die erlittene Schuld oder Schmach noch sehr wehtut oder wenn die Vergebungsbereitschaft einschließt, Feindesliebe aufzubringen. Aber gerade weil es so schwer ist, den persönlichen Gegnern und Feinden zu vergeben, beauftragt Jesus diejenigen, die wissen, dass sie selbst von Gottes Geist und Liebe leben, über die Schatten der Schuldgeschichte zu springen und Frieden zu stiften: *Liebet eure Feinde und betet für die, die euch nachstellen, so werdet ihr Söhne und Töchter eures Vaters im Himmel* (Matthäus 5,44f.). Wenn Gottes Wille geschehen und seine Liebe die Kultur menschlichen Zusammenlebens bestimmen soll, hilft manchmal nur diese schwere Art der Liebe und Vergebung. Wo es Schuld gibt, kann Frieden nur werden, wenn wir uns von Gottes Liebe zu seinen Geschöpfen anstecken lassen. Denn dadurch verändern wir die Welt, jeder an seinem Platz. Und da kann dann auch Versöhnung geschehen. So macht Vergebung das Leben schöner.

Aber Vergebung will gelernt sein. In einer Welt, in der das Rechthaben und die Ansprüche herrschen, *muss* Vergebung gelernt, muss gewissermaßen das Gegen-den-Strom-Schwimmen geübt werden. Nicht nur unsere Haut, auch unsere Seele braucht regelmäßig eine Pflege. Und dafür ist eigentlich der Gottesdienst da. Es ist eine Wohltat für unsere Seelen, wenn die Liturgie so gestaltet ist, dass wir im Gottesdienst lernen, uns in Gottes Namen gegenseitig von Schuld und Sünde loszusprechen. Als die von Jesus bevollmächtigten Töchter und Söhne Gottes können wir damit das von der Reformation wieder entdeckte *allgemeine* Priestertum der Gläubigen vollenden.

Wenn ihr dem zustimmen könnt, dann sagt: Amen.

Die Erde für Gott offen halten

Himmelfahrtstag, St. Gabriel in Hamburg-Volksdorf am
1. Mai 2008; das Unser-Vater Gebet (Matthäus 6,9-13)

I.

Das Unser-Vater-Gebet hat eine ganz einfache und klare
Gliederung. Da ist zuerst die Anrede »Unser Vater im Himmel«. Sie spricht das neue Gottesverhältnis aus, das durch
den Vater-Namen bestimmt wird. Wir sollen Gott anreden
»wie die lieben Kinder ihren lieben Vater«, hat Martin Luther dazu geschrieben – zu ergänzen wäre heute: »wie die
lieben Kinder ihre liebe Mutter«. Nicht Angst, nicht blinder
Gehorsam, nicht das Nachbeten von Dogmen sollen das
Verhältnis zwischen uns und Gott bestimmen, sondern
Vertrauen in die Liebe Gottes. In eine Liebe, die sich nicht
an irgendwelche Bedingungen oder Opfer knüpft, sondern aus sich selbst kommt: frei und groß und stark und
schön. Eine Liebe also, die uns wirklich *leiden* kann; denn
sie erträgt es, dass wir oft genug nicht so sind, wie wir
gerne wären. Es ist eine himmlische Liebe, und gerade
darum kann sie wahrnehmen, wie wir Irdischen sind und
wie schwer das Leben ist, wenn wir wirklich Mensch sein
wollen – also: wie sehr wir Liebe *brauchen*.

Nach der Anrede, die Gott mit dem Himmel verbindet,
geht es in den drei ersten Bitten um Gott: »dein« ist das
Stichwort: *dein* Name werde geheiligt, *dein* Reich komme, *dein* Wille geschehe. Da wird Gott nicht gebeten, etwas zu tun, sondern es geht darum, dass Gottes Name
auch bei uns geheiligt werde, sein Reich zu uns komme
und sein Wille bei und durch uns geschehe. Und dann
kommen vier eigentliche Bitten an Gott, in denen er als
der Gebende, Schenkende für uns auf der Erde angesprochen wird. Es geht um *unser* tägliches Brot, um die
Vergebung unserer Schuld und um unsere Vergebungs-

bereitschaft, um das Standhalten in *unseren* Versuchungen und um *unsere* Erlösung von dem Bösen, das uns nicht nach Gottes Willen leben lässt, sondern unglücklich macht.

Um Himmel und Erde, um Gott und Menschen geht es im Unser-Vater also. Es geht ums Leben. Und Leben ist die *eine* Wirklichkeit, zu der Gott *und* Menschen gehören. Es ist kein Zufall, dass das Gebet Jesu unseren Blick auf beide, auf Gott *und* Menschen, lenkt und auf das, was beide verbindet. Denn Jesus selbst ist es ja, in dessen Leben sich nach unserem Glauben Gott- und Menschsein verbunden haben. Und dazu, dass wir wirklich *menschlich* leben können, muss Gott nicht nur im Himmel, sondern auch bei uns wirklich *Gott* sein können. Die Verbindung aber zwischen Himmel und Erde, zwischen dem Gottsein Gottes und dem Menschsein der Menschen, ist – *Liebe*. Denn »Gott ist Liebe, und wer in der Liebe bleibt, der bleibt in Gott und Gott in ihm« (1. Joh 4,16). Liebe ist die Kraft des Lebens, ist das, »was die Welt im Innersten zusammenhält«.

»Himmel« ist Teil der religiösen Bildersprache. Im Indogermanischen wie auch im semitischen und arabischen Sprachbereich bedeuten das Wort *Himmel* und seine Äquivalente so viel wie »Decke«, »Mantel« und »Kleid«. Dass Gott nach der Schöpfungsgeschichte am ersten Tag »Himmel und Erde« *gemeinsam* geschaffen hat, heißt, dass die Erde nicht nackt und bloß, nicht für sich, sondern – wie das Bild vom Himmelsgewölbe ja sagt – *geborgen* geschaffen worden ist. Erde hat ein Gegenüber, mit dem sie zusammengehört und gemeinsam verstanden werden muss. Wie *Ich* und *Du* Grundworte des Lebens sind, sind es *Himmel* und *Erde* und also *Gott* und *Mensch* auch. Denn Grundworte des Lebens verbinden komplementär miteinander, was der einfachen Logik unverbindbar erscheint und was doch zusammengehört.

II.

Die religiösen Bilder müssen wir heute natürlich verbinden mit all dem, was wir aus Physik und Biologie, aber auch aus der Religionsgeschichte wissen. Nur dann ist Glaube glaubwürdig, wenn er das kann. Wissenschaft gehört zum Leben, denn sie redet vom Leben und seinen vielfältigen Gestalten. Deshalb dürfen wir zum Beispiel nicht nur von uns *Menschen* als Gegenüber Gottes reden, sondern müssen von all seinen *Geschöpfen* sprechen. *Alle* Geschöpfe sind *gemeinsam* das Gegenüber Gottes. Und was Gott angeht, so muss Theologie heute das, was Juden und Christen von Gott wahrgenommen haben, mit dem verbinden können, was uns andere Religionen von Gott erschließen. So, wie wir inzwischen im irdischen Leben unsere Mitgeschöpfe achtsamer wahrnehmen, muss auch die Rede von Gott heute weiter ansetzen und Gottes wahre Schönheit, seine vielfältige Gestalt, auch in anderen Religionen erkennen lernen. Und natürlich auch in dem, was uns die Physik über das Leben, Sterben und Neuerstehen von Sternen im All sagen kann.

Nichts geändert hat sich aber an unserem Glauben, dass in Jesus Himmel und Erde, Gott und Mensch, exemplarisch *verbunden* sind. Das Leben Jesu ist in besonderer Weise durchlässig, transparent für Gott. »Wer mich gesehen hat, hat den Vater gesehen« (14,9), sagt Jesus im Johannesevangelium. In ihm ist Gott Mensch geworden. Darum rühren uns die Jesusgeschichte und seine Gleichnisse von Gott bis heute an. Aus ihnen leuchtet eine große Liebe und Klarheit hervor, nach der wir uns sehnen. Nach Lukas hat Jesus gesagt, dass das Reich Gottes nicht irgendwo außerhalb von uns ist, sondern »mitten unter euch« (17,21). Es ist *dieses* Leben, wo wir Gott begegnen: in Geist und Liebe. Sie sind die Energie, die alles Lebendige miteinander verbindet. Jesus hat das Leben, hat unser irdisches Leben als etwas erscheinen lassen, was den

Himmel nicht nur *über* sich hat, sondern *in* sich. Das Leben hat Gott in sich. Und zwar nicht nur in den Tagen, die frei sind von Schmerz und Leiden. Das Leben hat Gott auch in sich, wenn es uns schmerzt und plagt und zu Ende geht. Mit jeder Lebensgestalt, sei es Mensch oder Tier oder Pflanze, die geboren wird, wird Gott mitgeboren. Und in jedem Tod, der von einem seiner Geschöpfe auf dieser Erde gestorben wird, stirbt Gott mit. Nur so können wir glauben, dass der Tod keine Endstation, sondern das Tor zu neuem Leben ist. Auferstehung, Verwandlung des Lebens in neue Gestalt, gibt es nur, weil Gott selbst *im* Leben ist. »Ich bin der Weg und die Wahrheit und das Leben«, sagt Jesus im Johannesevangelium (14,6). Die Jesusgeschichte ist Geschichte Gottes in unserem Leben. Und das heißt auch: Die Geschichte des Lebens ist und bleibt Gottes Geschichte, ist nicht von ihm zu trennen. Das eine ist für das andere durchlässig, das eine legt das andere aus. Und das brauchen wir auch: Denn dadurch, dass Gott *in* unserem Leben ist, hat er jede Eindeutigkeit verloren, wie sie die Dogmatik früher sah. Das ist der Preis seiner Nähe zu uns.

Aber Himmelfahrt hat ein Ergebnis gehabt: Jesus ist nicht mehr leibhaftig unter uns. Und Himmelfahrt sagt auch: Wie Jesus den Himmel in sich trug und unter uns das Angesicht des liebenden und leidensfähigen Gottes anschaubar gemacht hat, so hat der Himmel, hat Gott, nun auch Jesus in sich – und das Osterlicht als Hoffnungszeichen. »Himmel« hat nach Jesu Bild Kontur bekommen, ist das Bild vom Leben geworden, auf das wir zugehen. »Himmel« birgt das Leben durch all seine Verwandlungen, Geburten und Tode hindurch in sich. »Himmel« ist das Bild für Gott, wie Jesus ihn offenbart hat. Damit ist alles gesagt.

III.

Denn damit ist auch gesagt, wozu eine christliche Gemeinde da ist. »Wie mich der Vater gesandt hat, so sende
ich euch«, sagt der Auferstandene (Johannes 20,21). Wo
damals Jesus mit dem Jüngerkreis war, ist heute Gemeinde. Und wie damals Jesus, soll Gemeinde heute transparent sein für Gott, der in ihr ist. Verwickelt in das Leben:
lachend mit Glücklichen und traurig mit Trauernden, aber
auch mitleidend mit Gequälten. Liebhaberin des Lebens
und Anwältin aller Geschöpfe. Gemeinde soll mit den einzelnen Menschen und Gruppen in ihr »Himmel« sein: ber-
gend und umgebend, mitgehend und tröstend oder einfach nur da seiend, ein Ort, wohin man sich flüchten
kann. Wenn Gemeinde diese dienende Liebe schuldig
bleibt, erscheint der Himmel vielen Menschen als leer.

Gepredigt wird, damit der Glaube an Gottes verwan-
delnde Kraft und Liebe auch dem größten Elend immer
eine Hoffnung voraus ist, niemanden aufgibt. Und gemeinsam gebetet wird, weil unsere eigenen Kräfte ohne
die Kraft, die von Gott ausgeht, dem Leben nicht standhalten können. Gebetet wird vor allem das Unser-Vater-
Gebet. Darin bitten wir, dass Gott bei uns wirklich Gott
ist, seinen Namen, sein Reich und seinen Willen, seinen
Geist und seine Liebe mit und durch uns entfaltet. Und
wir beten, dass wir gemeinsam mit unseren Mitmenschen
und Mitgeschöpfen in Frieden leben können. Das geht
nicht, wenn Kapital und Wirtschaft das Leben beherrschen und dadurch die Kluft zwischen Armen und Reichen immer größer wird. Damit *alle* ihr tägliches Brot haben, können wir nicht länger die Nahrungsmittelreserven
der Erde so extensiv wie bisher in der Tierzucht verfüt-
tern, um unseren stetig wachsenden Hunger auf Fleisch
stillen zu können. Wenn Gott *im* Leben, *in* seinen Geschöpfen ist, heißt die Bitte um das tägliche Brot heute:
Befreie uns, Gott, von der Gier, unser Leben zu ernähren,

indem wir immer mehr Leben verbrauchen. Lehre uns Verantwortung zu übernehmen, damit *alle* Zugang zu den Lebensmitteln haben.

In der Mitte des Unser-Vater-Gebetes geht es um Schuld. Um das, was wir Gott, Menschen und anderen Geschöpfen an Achtung und Liebe schuldig bleiben. Während sonst im Leben keiner Schuld haben will, keiner etwas schuldig geblieben sein möchte, geht das Gebet Jesu nüchtern davon aus, dass alle Menschen anderen etwas schuldig bleiben. Und weil das so ist, bedürfen alle der Vergebung. Nur so können wir freikommen aus der Vergangenheit unserer Schuld. Vergeben ist oft nicht leicht. Wir müssen es lernen, indem wir begreifen: Vergeben heißt, Gottes Liebe an andere weiterzugeben.

Wir beten um Kraft, den Versuchungen widerstehen zu können, in die uns manchmal unsere maßlosen Wünsche führen. Wir beten um den Willen, uns gegenseitig zu stärken, wo wir allein zu schwach sind. Wir beten darum, Menschen zu sein, die auf Jesus weisen, wenn die Frage nach dem Sinn des Lebens aufkommt.

Wir beten zu unserem Vater im Himmel, weil wir durch Jesus wissen, dass er das Leben liebt. Indem wir als Gemeinde öffentlich beten, halten wir den Himmel für alle Menschen offen. Aber indem wir öffentlich beten, wie Jesus uns beten gelehrt hat, halten wir auch die Erde für Gott offen. Darum »muss die Kirche im Dorf bleiben« – um unserer Nöte und um der himmlischen Liebe Gottes willen, die sich gegenseitig suchen und brauchen und finden müssen.

Und wenn ihr mögt, sagt dazu: Amen.

Sanftmut ist der mutigste Mut

Neujahrstag 2012, Mariä Himmelfahrt Berg-Aufkirchen;
die Seligpreisungen der Bergpredigt (Matthäus 5,2-10)

I.

Neujahrsfeste sind seit babylonischen Zeiten dazu da, die
jeweilige Gegenwart einmal im Jahr kritisch unter die Lupe
zu nehmen und dort nach Besserem zu suchen, wo sich im
Rückblick Missstände eingeschlichen haben. In Babylon
machte man das, indem man beim Neujahrsfest das Spiel
›Verkehrte Welt‹ spielte: Für die Dauer einiger Tage wurde
der König abgesetzt, seiner Machtinsignien entkleidet und
gezwungen, einen Rechenschaftsbericht zu geben. Obwohl
er darin beteuerte, pflichtgemäß den Kult für die Götter
nicht vernachlässigt, die Stadt geschützt und die Bürger gerecht behandelt zu haben, wurde er vom Priester öffentlich
geohrfeigt, und zwar möglichst so drastisch, dass dabei Blut
floss. Niemand sollte glauben, er werde nur zum Schein geschlagen. Man wollte auf diese Weise ernst nehmen, dass
auch Könige ihre Aufgabe, im Dienst der Götter zugunsten
der Menschen zu herrschen, immer irgendwo versäumen.
Und weil man fürchtete, dass die Götter solche Versäum-
nisse nicht einfach hinnehmen würden, vollzog man die
Strafe für Versäumtes am König lieber gleich selbst und pro-
phylaktisch zugleich. Für einige Tage herrschten dann die
Untertanen über den König, während er Buße tun musste.[1]

II.

Kritische Analysen unseres Lebens am Neujahrsfest können auch wir gebrauchen, obwohl nur wenige öffentliche

---

[1] Walter Farber: *Texte zum Akitu-Fest (Neujahrsrituale)*. In: Otto Kaiser
(Hrsg.): *Texte aus der Umwelt des Alten Testaments*. Band 2: *Religiöse
Texte. Rituale und Beschwörungen*. Lieferung 2. Gütersloher Verlags-
Haus Mohn, Gütersloh 1991, S. 212–227.

Ohrfeigen für unsere Herrschenden einführen wollten – auch wenn verbal so manche Ohrfeige verteilt wird. Aber wir haben mit den Babyloniern gemeinsam, dass wir das, was wir als lebensfeindlich empfinden, nicht mehr als das Produkt von Antigöttern ansehen und diesen in die Schuhe schieben können. Wir haben gelernt, dass wir selbst das Lebensfeindliche verantworten müssen, das wir durch unsere Art zu leben erzeugen. Auch das gehört zu den Früchten der Aufklärung. Wir sind Wesen, denen aufgegeben ist, lebenslang zu lernen, was menschlich ist und wie wir uns menschlich verhalten, obwohl wir auch anders können – anders als Tiere, denen der Instinkt vorgibt, was zu tun ist. Doch trotz alles Lernens und aller Einsichten scheitern wir oft genug an der Aufgabe, das, was gut ist, zu erkennen. Denn wir müssen, ehe wir dann handeln, das von uns erkannte Gute ja auch noch mit dem ausgleichen, was für andere gut ist, mit denen wir das Leben teilen.

Auf einen Nenner bringen können wir die Schwierigkeit unserer Situation mit einem Satz *Albert Schweitzers*: »Wir sind Leben, das leben will, inmitten von Leben, das leben will.« Kürzer, treffender und zugleich nüchterner kann man es nicht ausdrücken. Wer diesen Satz ohne irgendeine Einschränkung nachsprechen kann, ist wirklich im Leben angekommen, ist Mensch unter Menschen, aber auch Mensch unter Tieren und Pflanzen, Geschöpf unter Geschöpfen Gottes. Denn mit dem Satz »Wir sind Leben, das leben will, inmitten von Leben, das leben will« ist das Lebensrecht aller Lebewesen, einschließlich der je eigenen Art zu leben, anerkannt. Dieses allgemeine Lebensrecht stellt den Rahmen dar für unser eigenes Leben – und nicht umgekehrt. Denn wir und unsere Interessen sind nicht die Mitte, um die sich alles dreht. Sondern die ganze Vielfalt der Lebensformen und -gestalten ist das Feld, in das hinein wir geboren werden, auf dem wir für eine Zeit lang wachsen und in das hinein unsere leibliche Existenz sterben wird. Und während wir wachsen, ändern wir uns viele Male. Zum Glück dürfen wir das! Denn wir sind von Gott nicht auf unsere Fehler festgelegt – obwohl wir mit Scham an Verletzungen zurückdenken, die wir anderen zugefügt haben, und uns manchmal am liebsten selbst dafür ohrfeigen würden.

III.

Albert Schweitzers Satz nimmt ernst, dass alle Geschöpfe an Gottes Lebensodem bzw. Geist teilhaben – und deshalb miteinander verwandt sind. Folgen wir dem, sehen wir das Leben in der Vielfalt seiner Gestalten mit anderen Augen. Ich jedenfalls sehe, seit ich die biologische Evolution ernst nehme, Tiere und Pflanzen anders als vorher. Ja, ich frage mich manchmal, ob ich mich mit meinem Verhalten ihnen gegenüber *von* ihnen und *vor* ihnen überhaupt sehen *lassen* kann. Denn zu unserer Verwandtschaft mit Tieren und Pflanzen gehört ja nicht nur, zu wissen, dass wir viele organische Funktionen gemeinsam haben. Die Gemeinsamkeiten erstrecken sich, wie Tier- und Pflanzenforscher immer deutlicher herausfinden, auch auf die Art und Weise, wie wir uns bewegende schöne und schreckliche Erlebnisse verarbeiten. Denn wenn wir davon erzählen, spielen die Gefühle eine große Rolle. Manchmal sind Gefühle so stark, dass sie Auswirkungen auf unser »Herz« haben, wie wir sagen. Denn manchmal ist es nahe daran, vor Glück zu »zerspringen«, und mal drohen uns schlimme Erfahrungen »das Herz im Leibe herumzudrehen«. Der große Dichter *Friedrich Hölderlin* wusste, dass auch Pflanzen ein »Herz« haben und Empfindungen wie wir. In einem Gedicht hat er zu Helios, dem Sonnengott, gesagt: »Wie du das Herz der Pflanzen erfreust, wenn sie entgegen dir die zarten Arme strecken, so hast du mein Herz erfreut, Vater

Helios.«[2] Haben auch Pflanzen und Tiere ein »Herz« und Gefühle, werden wir auch anders mit ihnen umgehen als bisher.

Es gibt nur eine Wirklichkeit, und in ihr sind Menschen, Tiere, Pflanzen und auch die sogenannte unbelebte Natur mit Gott als Schöpfer verbunden. Für Glaubende gibt es Gott nicht ohne dieses Leben, und kein Leben ohne Gott. Denn Gott hat das Leben sich entfalten lassen in allen Gestalten, die wir kennen und noch nicht kennen. Und dazu gehören auch die Wesen, die wir nach unseren Vorstellungen von Schönheit *nicht* schön finden. Mit diesem Glauben fängt die »Ehrfurcht vor dem Leben« an.

IV.

»Neues Jahr, neues Leben!« In vielen Sprachen gibt es diesen Satz, und er lehrt Zukunft zu haben als eine große Chance. Denn wer Zukunft hat, hat noch die Möglichkeit, sein Leben zu ändern. Es gibt Momente, in denen wir innehalten und uns selbst, aber auch uns gegenseitig Zukunft, einen neuen Anfang zugestehen können. Der Jahresanfang ist ein solcher Moment.

Als Hilfe zu solchem Nachdenken können uns die *Seligpreisungen* dienen, die als Anfang der Bergpredigt Jesu überliefert worden sind. In ihnen hat Jesus Menschen, die unter Armut, Ungerechtigkeit, Gewalt, fehlender Barmherzigkeit und Unfrieden gelitten haben, seine Vision eines anderen, besseren Lebens verheißen. Dafür hat er den Begriff »Reich Gottes« verwendet oder auch von der »Königsherrschaft Gottes« gesprochen. Entscheidend ist, dass das, wonach die Menschen hungern und dürsten – und zwar im leiblichen wie im übertragenen Sinn – irdische Wirklichkeit werden wird, wenn sie so leben, wie Jesus es ihnen vorgemacht hat. In seiner Vorliebe für bildliche Re-

---

[2] Friedrich Hölderlin, Da ich ein Knabe war.

de unterscheidet Jesus das Reich Gottes von den aus der politischen Wirklichkeit allen bekannten Reichen, indem er die irdischen Könige durch Gott ersetzt. In seiner Königsherrschaft zählen auch die Armen als ›Königskinder‹ und sollen bekommen, was sie zum Leben brauchen. Denn als das Grundmotiv, das das Handeln dieses Königs bestimmt, sieht Jesus Gottes Liebe. Und die äußert sich in der durch nichts bedingten Hinwendung zu allem, was lebt. Gottes Liebe schafft das Böse nicht ab. Aber wenn sie die sozialen Beziehungen der Menschen steuert, sorgt sie dafür, dass »einer des anderen Last trägt« (Galater 6,2) und dadurch auch unsere Leiden erträglich werden. Die neue Gerechtigkeit, die Jesus für alle durchgesetzt haben wollte, hat Maßstäbe gesetzt, die in vielem die heutigen Sozialgesetze und das Menschenrecht auf Leben befördert haben. Denn diese Gerechtigkeit gesteht den Menschen nicht nur zu, was sie verdient haben, sondern das, was sie zu einem menschenwürdigen Leben brauchen. Und Jesus konnte sich auch dafür einsetzen, dass nicht nur Menschen, sondern auch Tiere gerettet werden, wenn sie in Not geraten und leiden.

V.

Zum Schluss lese ich uns nun die Seligpreisungen Jesu vor, wobei ich an einigen Stellen kleine Einfügungen vorgenommen habe, um sie leichter verständlich zu machen. Möge euer Herz warm werden, wenn ihr diese liebevolle Wegweisung in eine menschliche Lebensordnung hört, die Jesus als unsere Zukunft gesehen hat.

– *»Selig sind, die sich von Gottes Geist dazu bewegen lassen, nicht am Besitz zu hängen; ihr Leben soll reich werden.«*
– *»Selig sind, die jetzt Leid tragen; sie werden getröstet werden.«*

– »Selig sind die Sanftmütigen; sie werden im Land den Ton angeben« – denn Sanftmut ist der mutigste Mut, weil er auf Gewalt verzichtet.

– »Selig sind, die nach Gerechtigkeit hungern« und glauben, dass es auf jeden Einzelnen, jede Einzelne ankommt: Sie werden erleben, wie großartig Gerechtigkeit ist.

– »Selig sind die Herzlichen; sie werden Gott in allen erkennen, mit denen sie es gut meinen.«

– »Selig sind, die Frieden stiften; sie werden Söhne und Töchter Gottes heißen«, weil sie Jesu Werk fortsetzen.

(Freie Übersetzung mit Ergänzungen)

Und wenn ihr diese Seligkeit erleben wollt, dann sagt: Amen.

Wer Frieden stiftet,
ist jederfrau und jedermanns Christus

Christvesper, St. Johann Baptist in Berg am 24. Dezember
2012; Jesaja 9,1.5 und Matthäus 5,9

I.

Zu den schönsten Reliefs aus der altägyptischen Amarna-
Zeit aus dem 14. Jh. v. Chr. gehört eine Darstellung der
Familie des Pharaos Echnaton und seiner Frau Nofretete.
Während die Pharaonen vorher ihre Bedeutung durch Bilder ausdrücken ließen, auf denen sie ihre Feinde mit bru-
taler Gewalt niederschlugen, hatte sich unter Echnaton
die Sehnsucht der Menschen nach Licht und Zärtlichkeit
Bahn gebrochen: Auf dem Relief sieht man Echnaton und
seine Frau Nofretete mit dreien ihrer Töchter unter Aton,
der Sonnenscheibe, sitzen, die für Echnaton Gott reprä-
sentierte. Und während man sonst Mann und Frau immer
nebeneinander sitzend darstellte, sind sie hier einander
zugewandt. Wie die göttliche Sonne an den Enden ihrer
Strahlen Finger hat, die berühren, worauf sie scheinen, so
herzen und küssen die Eltern ihre Kinder. Dieser Pharao
ist ein Friedensfürst, ein liebender Vater. Er hat seine Würde als ein zärtlicher König, und seine Frau teilt sie mit
ihm. Zärtlichkeit und Licht sind eine Huldigung an das Leben. Die unpersönliche Sonne als universaler Gott und
das Königspaar beleben und schützen die Menschen. Sie
sollen Zukunft und Geborgenheit haben. Das Relief ist
das Urbild der Heiligen Familie geworden, in dem wir
eineinhalbtausend Jahre später Maria und Joseph mit dem
Jesuskind sehen.

Dieses Herrscherverständnis hat sich von Ägypten aus
verbreitet, obwohl die Nachfolger Echnatons wieder
Schlachtenlenker sein wollten. Als der Prophet Jesaja seinen unterdrückten jüdischen Volksgenossen im Namen

seines Gottes Jahwe eine neue Zeit ankündigte, konnte er auf diese Vorstellungen vom Friedensfürst zurückgreifen und damit auf die Sehnsüchte der Menschen nach Frieden und Licht antworten. Und so lesen wir Jesaja 9,1.5:

Das Volk, das in der Finsternis geht, hat ein großes Licht gesehen, die im Land tiefsten Dunkels leben, über ihnen ist ein Licht aufgestrahlt. … Denn ein Kind ist uns geboren, ein Sohn ist uns gegeben, und auf seine Schulter ist die Herrschaft gekommen. Und er hat ihm seinen Namen gegeben: Wunderbarer Ratgeber, Heldengott, Starker, Friedensfürst. (Zürcher Bibel 2007)

II.

Die Christen haben Jesajas Botschaft, die an Jerusalem, die Tochter Zion, gerichtet war, auf »alles Volk« ausgeweitet. Und die frühe Christenheit bezog die viele Jahrhunderte vorher schon verheißenen Geburten königlicher Kinder auf das Kommen Jesu. Davon erzählen die bei Lukas und Matthäus überlieferten Geschichten von seiner Empfängnis und Geburt. Diese Geschichten, vor allem die Weihnachtsgeschichte des Lukas, rühren uns noch heute an, weil auch in ihr Gott und Menschen verbunden sind. Der ferne Himmel ist nun hier, bei den Menschen, Gott ist in unserem Leben angekommen. Die Sehnsüchte der Menschen nach Frieden und Licht sind ernst genommen. Gott antwortet darauf mit seiner Gegenwart in Fleisch und Blut. Das ist ein glaubwürdiger Gott, weil er nicht mehr in einer eigenen Welt leben will. Weihnachten lehrt uns, dass Gott in unserem und in aller anderen Geschöpfe Leben lebt, als Mitte.

So überwindet Weihnachten die bis dahin gespaltene Wirklichkeit. Und noch etwas lehrt uns die Weihnachtsgeschichte: Weihnachten hat den Abschied von den Gottesbildern eines gewaltigen Herrschers vertieft, den wir schon im alten Ägypten finden können. Das spiegelt das zweite Bild, an das ich erinnern möchte, das von dem Florentiner Sandro Botticelli stammt. Es zeigt Jesus als Kleinkind vor dem Stall mit den Tieren, und ist trotzdem kein typisches Krippenbild. Denn es gibt keine Krippe, und das Kind kann schon selbständig sitzen. Vor allem: Das Kind erleuchtet die ganze Szene.

Auch in diesem Bild spielt das Licht eine große Rolle. Aber es kommt nicht vom Himmel, sondern es geht vom Kind selbst aus, obwohl das Kind die unterste Position im Bildganzen innehat. Das ist eine ungewöhnliche Bildanordnung, aber durch sie hat Botticelli den Glauben ausgedrückt, der sich mit diesem Kind und seinem späteren Leben verbindet: Dieser Mensch soll »das Licht der Welt sein«, wie es im Johannesevangelium heißt. Ja, er ist, wie Luther im Lied »Vom Himmel hoch, da komm ich her« gedichtet hat, »unser Gott«. Er ist eine wirkliche Lichtgestalt, und sein Licht leuchtet alle an: Maria vor allem, und Joseph, aber auch Ochs und Esel, die die Tiere, unsere Mitgeschöpfe, repräsentieren. Sie alle bilden »Gottes Volk«. Für sie alle soll das Kind Licht sein, und das heißt, wie der Engel dann dolmetschen wird: Er wird den Weg zum Frieden weisen. Anders gesagt: Wir sollen von ihm den Frieden lernen.

Auch die Botschaft des Engels im Weihnachtsevangelium des Lukas ist schlicht formuliert: »Ehre sei Gott in der Höhe und Frieden auf der Erde bei den Menschen, an denen er Wohlgefallen hat!« So, wie Gottes Leben und unser Leben zusammengehören, wie Himmel und Erde Teile des einen Kosmos sind, wird das Gott-die-Ehre-Geben mit dem Frieden-Schaffen unter den Menschen verbunden. Das eine hat ohne das andere keinen Sinn. Gottes Ehre zeigt sich darin, dass er für uns Frieden will. Und zwar aus dem einen Grund: Gott hat an den Menschen Wohlgefallen. Entgegen allen früheren Schreckensbildern vom zornigen und ständig beleidigten Gott, der Sühne fordert und straft, hat Jesus uns offenbart: Gott kann uns leiden. Er leidet mit, wenn hier – schuldig oder unschuldig – gelitten wird. Darum will er Frieden für uns, und weil sich menschliches Leben und menschliches Glück ohne Frieden nicht entfalten können. Das ist der Kern des Evangeliums in menschlicher Sprache.

III.

Wenn uns dieses Evangelium heute wie damals anrührt, dann heißt das allerdings auch, dass diese Botschaft auf eine sehr nüchterne Realität antwortet. Und die heißt: Damals wie heute gab es nur in Ausnahmezeiten Frieden. Der sogenannte Friede war die Zeit zwischen zwei Kriegen, die Zeit zum Auf- und zum Nachrüsten, und die Zeit zum Anstacheln der Gelüste auf Revanche. Dass wir jetzt in Europa schon 67 Jahre lang keinen wirklichen Krieg mehr erlebt haben, grenzt für jeden, der die Geschichte Europas einigermaßen kennt, an ein Wunder. Deshalb war es angemessen, dass die Europäische Gemeinschaft den Friedensnobelpreis erhalten hat. Eigentlich ja wir alle. Denn wir Menschen haben über die völkischen Grenzen hinweg endlich angefangen, die alten Erbfeindschaften, die ererbten Herrschaftsansprüche und die Wunden aus erlittenen Niederlagen nicht mehr zu lecken, sondern zu heilen. Statt Frieden vom Himmel zu erwarten, haben wir mit der Friedensarbeit begonnen, die der zum Mann gereifte Jesus im Zentrum seiner Reich-Gottes-Predigt von uns Menschen verlangt hatte. Ohne faule Kompromisse. Friedensarbeit ist Schwerstarbeit, aber es ist die Arbeit, die den größten Gewinn einbringt: eben Frieden und Wohlstand. Die Gewinne aus dem Waffenhandel, bei dem Deutschland inzwischen wieder an dritter Stelle steht, sind dagegen eine Teufelssaat. Die Europäische Union ist nicht möglich geworden durch Waffen, sondern durch die

Versöhnung von Deutschen und Franzosen, von Deutschen und Polen und anderen. Von diesem Frieden hängt unsere und unserer Kinder und Enkel Zukunft ab.

Darum müssen wir die Friedensarbeit in jedem Menschenleben an die erste Stelle setzen. Frieden muss gelernt werden, von jedem einzelnen Menschen neu. Die Fähigkeit zum Frieden will bewährt werden im alltäglichen Umgang miteinander und gerade im Umgang mit den Fremden. Eine der unglaublichen Seligpreisungen, die Jesus uns hinterlassen hat, lautet: »Selig sind die Friedensstifter. Sie sollen Söhne und Töchter Gottes heißen.« (Matthäus 5,9) Wir können also aufhören, darüber zu streiten, ob Jesus Gottes Sohn war oder nicht. Seit Weihachten gibt es eine wichtigere Frage: Und die fragt danach, wie wir von Jesus lernen können, Frieden zu stiften, wie also jedefrau Gottes Tochter und jedermann Gottes Sohn werden kann. Und da Ungerechtigkeiten und die selbstsüchtige Lieblosigkeit immer wieder zu Streit und Schuldverstrickungen führen, müssen wir auch die Frage beantworten, wie wir mit Schuld von anderen und uns umgehen lernen, um Frieden zu stiften. Die Antwort lautet: durch Vergeben und die Bitte um Vergebung.

Jesus ist so radikal gewesen, die Wurzeln von Frieden oder Krieg da zu sehen, wo wir Menschen am menschlichsten sind: da, wo wir einander Nächstenliebe schuldig bleiben und aneinander schuldig werden. Krieg erwächst aus der Weigerung, Schuld zu vergeben und das Anderssein der anderen zu ertragen. Wer aber Frieden stiftet, ist Friedefürst, weiß Wunder-Rat, ist jederfrau und jedermanns Christus. Wer das akzeptiert und Konsequenzen daraus zieht, lebt weihnachtlich aufgeklärt, kommt dem Frieden nahe und bricht der Menschwerdung der Menschen die Bahn.

Und wenn ihr dem zustimmt, dann sagt: Amen.

Sehnsucht nach der Menschwerdung der Menschen

Heiligabend, St. Johann Baptist in Berg am 24. Dezember 2014; Lukas 2,14

Ehre sei Gott in der Höhe und Frieden auf Erden unter den Menschen. Denn an ihnen hat Gott Wohlgefallen.

I.

Weihnachten hat von seinem Festinhalt her eine Menge zu bieten, wonach Menschen sich sehnen: Da geht es um eine junge Familie und ihren mühsamen, aber glücklichen Anfang, um die Geburt des Kindes, das allen Zukunft verspricht. Und die Botschaft, die die Engel bringen, zielt ganz klar auf die größte Sehnsucht der Menschen: auf die Sehnsucht nach »Frieden auf der Erde«.

Ob nun bei Jesaja oder in der Weihnachtsgeschichte des Lukas oder bei uns: Die Geburt eines Kindes trägt in sich die Botschaft von einem Neuen, von einem Anfang. Wir Christen zählen bis heute die Jahre und Jahrhunderte, in denen wir leben, »nach Christi Geburt«. Denn dieses Kind ist zum Hoffnungsträger besonderer Art geworden. Wir feiern seit der frühen Kirche die Ankunft dessen, der nach christlichem Glauben von Gott zum messianischen »Gesalbten«, zum Christus also, berufen wurde. Vom Messias erwartete man damals gewaltige Taten wie von keinem anderen Menschen: Er sollte das von den Römern besetzte Israel befreien, für äußeren Frieden und für Gerechtigkeit im Inneren des Landes sorgen – also den großen Schalom zurückbringen, der nach der Überlieferung tausend Jahre zuvor in König Davids Reich mit Jerusalem als Mittelpunkt geherrscht haben soll. Aber Schalom, Frieden – alles, wofür wir Zukunft erhoffen, alles, wovon wir hoffen, dass es *bleibt,* das alles wird unmöglich, wenn *kein* Frieden herrscht.

Als Jesus geboren wurde, herrschte in der römischen Provinz Judäa kein Frieden – eher Unfreiheit, Armut und

Korruption. Die Zeit des Königs David war dem gegenüber eine andere, idealisierte Welt. Über Jahrhunderte hin haben Juden durch eine Reihe von Freiheitskriegen vergeblich versucht, das Rad der Geschichte dahin zurückzudrehen – so lange, bis es in der Mitte des 2. Jahrhunderts nach Christus Jerusalem fast nicht mehr gab.

Nicht wenige seiner Zeitgenossen hielten auch Jesus für einen, der die Rolle des Messias übernehmen könnte, und seine Predigt vom Reich Gottes für das Programm eines messianischen Umsturzes. Ein ganzes Arsenal von Hoheitstiteln wurde auf Jesus angewandt – und damit verbunden ein ganzes Arsenal von großen und größten Hoffnungen: Prophet, Messias, Gottessohn, Herr (Kyrios) und Heiland (Soter). Sich selbst hat Jesus vielleicht »der Menschensohn« genannt oder einfach »der Mensch«.

II.

Bedenken wir, dass Jesus am Anfang der Bergpredigt (Mt 5) diejenigen seliggepriesen hat, »die hungern und dürsten nach Gerechtigkeit«, die »sanftmütig« und nicht gewalttätig sind und die »Frieden stiften«, wird sofort klar: Jesus wollte und konnte *nicht* der von den gelehrten Juden erwartete Messias sein. Er hat für Gerechtigkeit und Frieden unter den Menschen gekämpft. Er hat Kranke geheilt und auch seine Jünger gelehrt zu heilen. Aber für den politischen Umsturz gab Jesu Botschaft vom Reich Gottes nichts her: »Mein Reich ist nicht von dieser Welt.« Jesus stützte sich nicht auf die üblichen Mittel des Machtgewinns und Machterhalts. Im Sinn hatte er, die unmittelbaren Leiden von Menschen und Tieren zu lindern und den Frieden im Umgang der einzelnen Menschen miteinander beginnen zu lassen.

Deswegen mussten alle an Jesus Anstoß nehmen, die von ihm erwarteten, er werde wie ein wehrhafter Held *mit Mitteln der Gewalt* für Freiheit, Frieden und Gerechtigkeit kämpfen. Gewalt lehnte er ab. Denn Gewalt erzeugt neue Gewalt, auch wenn sie einem guten Zweck dienen soll. Jesus hat es so ausgedrückt: »Man kann nicht den einen Satan mit einem anderen Satan austreiben« (Mt 12,26). Denn dann bliebe es ja bei Satans Herrschaft. Er setzte deshalb auf ein anderes Mittel: »Wenn ich … durch *den Geist Gottes* die Dämonen austreibe, *dann* ist das Reich Gottes zu euch gekommen« (Mt 12,28). Denn Dämonen sind Geister, die Seele und Denken verwirren und den inneren wie äußeren Frieden zerstören.

III.

Der Geist, von dem Jesus bewegt wurde, weist nur einen Weg zum Frieden: Den Weg der *Nächstenliebe*. Sie nimmt aus der Liebe Gottes zum Leben ihre Kraft. Diese Liebe ist alles andere als blind für die oft grausame Realität des Lebens. Aber weil sie, von Gott kommend, den längeren Atem hat, kann sie aushalten, dass ihr vieles nicht – oder noch nicht – gelingt. Wenn Jesus von seinen Weggenossen forderte, dass sie sogar diejenigen ertragen sollten, die sie als ihre *Feinde* empfanden (Mt 5,44), dann ist klar, welch ungeheure Kraft Jesus in der Nächstenliebe gesehen hat: *Nur sie kann die Welt verändern, ohne neues Unrecht zu schaffen.* Und weil alle immer wieder an Menschen und Tieren schuldig werden, wird Nächstenliebe tagtäglich in der Gestalt der Vergebung gebraucht. Aber wirken kann diese Kraft in der Welt nur, wenn sie von vielen ausgeht und nicht nur von einem Einzigen.

Niemand hat das klarer gesehen als Jesus selbst. Denn er hat sich nicht als den Einen verstanden, der die Welt mit allen Mitteln verändern und zum Frieden zwingen würde. In einer der Seligpreisungen der Bergpredigt heißt es: *Glücklich können diejenigen sein, die Frieden stiften: Sie sind Gottes Söhne und Töchter* (Mt 5,9). Aus dem *einen* Sohn Gottes hat Jesus die *vielen* Söhne und Töchter Gottes gemacht. *Sie* bringen Gott ins Leben, in den alltäglichen Umgang miteinander – also dahin, wo wir Gott brauchen, um menschlicher, liebevoller, friedlicher zu werden.

IV.

Diese Botschaft Jesu kennen wir seit langem. Gepredigt wird sie mit wechselnder Klarheit seit zweitausend Jahren. Und auch in anderen Religionen gab es große Gestalten, die – wie Mahatma Gandhi – den Verzicht auf alle Mittel tödlicher Gewalt und die Bereitschaft zur Versöhnung vorgelebt haben. Und trotzdem erleben wir im jetzigen 21. Jahrhundert ein neues Aufflammen der Gewalt und der Kriege, und einen Boom an Waffenlieferungen, mit denen sie befeuert werden. Und Deutschland ist als drittgrößter Exporteur wieder dabei. Und das alles, obwohl die beiden Weltkriege im 20. Jahrhundert mehrere 100 Millionen Tote gekostet haben. Und wie Gott in der Geschichte des christlichen Abendlandes immer wieder in die Machtansprüche der Nationen und Herrscher hineingezogen worden ist, so werden jetzt in den islamistischen Bewegungen Machtansprüche und religiöser Totalitarismus gemeinsam ausgelebt. Flüchtlingsströme ziehen auf Europa zu wie zu Zeiten der alten Völkerwanderungen. Sie lösen Ängste und Abgrenzungsmechanismen aus, weil viele Menschen plötzlich ihren Wohlstand und angeblich ihre Kultur gefährdet sehen. Und kaum einer begreift, dass die europäischen Kolonialmächte es gewesen sind, die durch ihre Ausbeutungspolitik die Wurzeln der Kriege und Krisen von Asien über den Nahen Osten bis Afrika und Südamerika gelegt haben. Wir Europäer können nicht fröhliche Weihnachtslieder singen und Flüchtlinge aussperren. Tun wir das doch, sperren wir auch Jesus aus, und dann ist das Christentum bei uns ein Etikettenschwindel.

V.

Müssen wir also verzweifeln, wenn wir abends die Nachrichten sehen? Denn da merken wir, dass wir noch unendlich weit entfernt sind vom inneren und äußeren Frieden unter den Menschen – und auch vom Frieden der Menschen mit den Tieren. Gibt es denn wirklich Hoffnung für die Welt? Oder machen wir uns aufgrund unserer Sehnsüchte nur etwas vor? Wahr ist, dass die blutigsten Kriege, die schlimmsten Völkermorde und Versklavungen nichtweißer Rassen in den beiden christlichen Jahrtausenden geschehen sind. Jesu Kommen hat die Welt nicht menschlicher gemacht – trotz aller Diakonie und Caritas. Sie haben Wunden geheilt. Aber die Herrschaft der Gewalt haben sie nicht gebrochen. Also, haben die christlichen Theologen gesagt, wird sich alles erst ändern, wenn der schon einmal dagewesene, hingerichtete und auferstandene Jesus Christus zurückkommt auf die Erde. Darauf müsst ihr warten! Und so steht es denn auch im Glaubensbekenntnis.

Die frühkirchlichen Theologen haben nicht gemerkt, dass sie Jesu eigene Botschaft damit wieder auf den Kopf gestellt und unsere Hoffnungen erneut auf den *einen* Retter gelenkt haben. Denn – ich wiederhole – Jesus hatte die Hoffnung, dass seine Art, Mensch zu sein, sich durchsetzen wird, daran gebunden, dass erst viele und dann unendlich viele sich zu Söhnen und Töchtern Gottes berufen lassen. Denn nur so kann sich die Einsicht, dass alle Geschöpfe Gotteskinder sind, bis hin zur Feindesliebe ausbreiten und einen Wärmestrom erzeugen, der von Generation zu Generation anwächst und langsam, aber sicher die Menschwerdung der Menschen vorantreibt.

VI.

Dass Jesus bei seinem Weg der Gewaltlosigkeit und Nächstenliebe geblieben ist, können wir erst richtig als Evangelium begreifen, seit wir wissen, dass die Menschwerdung der Menschen noch nicht zum Ziel gekommen ist. Leben auf der Erde hat sich vor 3,5 Milliarden Jahren entwickelt. Menschliches Leben, wie wir es kennen, gibt es erst seit 100 000 bis maximal 200 000 Jahren. Wir haben die Entwicklung der Menschen aus den Tieren hinter uns, aber wir sind noch nicht am Ziel, sind als Menschen noch nicht fertig, noch nicht da angekommen, wohin wir kommen können. Das sollen wir bedenken, wenn wir Nachrichten von Unfrieden, Vertreibung und anderen Formen der Gewalt hören. Aber wir sollten nicht mehr auf Rettergestalten hoffen, die alles mit einem Schlag verbessern. »Friede auf Erden!« nennt die Sehnsucht, die uns voranbringt, und auf den Weg dahin weisen uns die Seligpreisungen Jesu (Matthäus 5): *Selig die Barmherzigen! Selig die Herzlichen! Selig, die Frieden stiften! Sie werden Söhne und Töchter Gottes heißen.* Jedes Mal, wenn ich die Seligpreisungen höre oder lese, wärmen sie mir Herz und Sinn, öffnen sie mir einen Horizont, der sonst verschlossen bliebe, stellen sie die Welt in ein liebevolles Licht. Ohne sie würde ich frieren beim Zeitunglesen. Denn sie bringen Gott ins Leben, und dann »ist lauter Himmel hier«.

Unter diesem Himmel kann es uns gelingen, sanftmütig mit jemandem umzugehen, barmherzig zu sein und uns Menschen herzlich und offen zuzuwenden. Es kann uns gelingen, mit Leidenschaft für Wahrheit und Gerechtigkeit einzutreten und gegen Ungerechtigkeit zu protestieren. Dann ist das Reich Gottes keine Utopie mehr, sondern für einen Moment schon Wirklichkeit. Jeden Tag, und wenn es uns mal nicht gelingt, jeden zweiten oder dritten. Aber dass es überhaupt möglich ist, dass Gott durch uns gegenwärtig ist, das ist das Großartige, das mir Hoffnung für die Welt gibt. Auf die Möglichkeit, Gottes Tochter oder Gottes Sohn zu sein, kann man täglich warten. Und darauf, Gott in einem anderen Menschen zu begegnen, auch. Die alten Lieder, die den Heiland begrüßen, können wir trotzdem weiterhin singen. Sie halten die Sehnsucht in uns wach, dass unsere Menschwerdung weitergeht und wir dabei dem Mensch gewordenen Gott begegnen.

Und wer mag, sage dazu: Amen.

»Diese Schreie muss Gott hören!«

Palmsonntag, 29. März 2015, fünf Tage nach dem Absturz von Germanwings 9525. Ev. Himmelfahrtskirche in München-Pasing mit der Kantate BWV 182 »Himmelskönig, sei willkommen«

I.

Die Sonnenfinsternis kam ein paar Tage zu früh. Von heute aus gesehen, hat sie den Mondschatten vor die Sonne geschoben, um uns einzustimmen auf das Schreckliche, was kam: Da hat ein Pilot offenbar ein Flugzeug mit 150 Menschen absichtlich zum Absturz gebracht. Statt die ihm Anvertrauten sicher an *ihr gemeinsames* Ziel zu bringen, nimmt er sie mit hinein in den Flug zu *seinem einsamen* Ziel: zum sicheren Tod. Er realisiert den kranken Gedanken, dass auch die Welt sterben muss, wenn *er* nicht mehr leben kann. Und offenbar konnte er, wie die Erforschung derart aggressiver Suizidhandlungen lehrt, vor aufgestauter, mörderischer Wut nicht mehr leben.

Vor ein paar Tagen erst hatten wir uns, noch im Schock der Nachricht vom Absturz, in kleinen Schritten in die Einsicht zu fügen begonnen, dass der Absturz mehr als eine Nachricht, dass er Realität ist. Auch ohne dazu geschriebene oder gesprochene Texte haben die Bilder, die uns erreichten, gezeigt, wie wir Menschen dieser Realität standzuhalten versuchen: indem wir Halt finden an einem anderen Menschen, uns umarmen, weinen, und in stoßgebetähnlichen Worten ausdrücken, dass wir selbst betroffen sind – *wir* sind plötzlich Mitgeschwister von weinenden Müttern und Vätern, von Frauen und Männern und Kindern, sind Mitgeschwister von uns fremden Menschen, denen Angehörige genommen wurden.

Die Verwandten der Opfer hat es nun in die Nähe des Unglücksortes gezogen. Denn sie müssen den Blick in den *großen Schrecken* wagen, der ihnen sagt: ›Eure Lieben werdet ihr unter den Lebenden nicht mehr finden. Es ist wirklich wahr.‹ Das ist bei jedem Unfall ein großer, aber unter diesen Umständen ein grausamer Schrecken. O arme Welt! Gibt es denn keinen Ort, wohin wir fliehen könnten? Nein. Auch die Musik, auch die Kantaten Bachs, auch seine großen Passionen, wissen keinen Fluchtort in einem Außerhalb.

Bach, 1685 geboren, lebte in einer Zeit, deren Gedächtnis noch von den Verwüstungen des 30-jährigen Krieges und der Pest geprägt war, die mehr als die Hälfte der Bevölkerung in Europa weggerafft hatten. Da war der Tod zum alltäglichen Gevatter geworden. Menschsein und Leiden waren eins. Das hatte sich eingeprägt. Wer wollte da fliehen? Es war eine Zeit, in der das Armselige des Menschseins schonungslos zutage gelegen hat. Kein Fluchtort, nirgends.

II.

Aber etwas anderes geschah – im Bild gesprochen: Der Fluchtort kam zu ihnen. In einem unglaublich intensiven Erinnern gingen Bach und die, die für ihn Texte schrieben, zurück zu den Evangelien und zur Jesus-Geschichte. Dazu mussten sie hindurch durch alle Theologien, die Gott als den Allmächtigen im Himmel festgesetzt hatten, und vorbei an allen göttlichen Attributen, durch die Jesus weg von den Menschen gerückt worden war. In der Begegnung mit Jesus kam ihnen dann eine erlösende Erkenntnis entgegen: dass die ganze Jesus-Erzählung, bis in seine Hinrichtung hinein, nur *ein* Thema hatte: sein »starkes Lieben« (4. Aria B). Nur durch diese Liebe hat Jesus erkannt, dass unser menschliches Leben *schwer* ist – und: dass die Menschen von Gott Hilfe brauchen, um dieses Leben – um sich gegenseitig – ertragen zu können.

Beides zusammen hat Jesus bewogen, ein Königtum abzuweisen, das ihm der Glaube zugewiesen hatte, und

Mensch, nichts als Mensch zu sein. Dass er auf einem Esel in Jerusalem eingeritten ist, war das Signal, dass da kein strahlender Held, sondern ein Mensch kam, der Menschen und keine Untertanen treffen wollte: »Kommt her zu mir alle, die ihr mühselig und beladen seid, ich will euch erquicken«, lautet sein Heilandsruf. Von dieser Liebe ist Bach angesteckt worden, zu ihr wollte er den Menschen mit seiner Musik einen Zugang eröffnen. Und so nahm er die Erzählung vom Einzug Jesu in Jerusalem auf und fügte die Gemeinde dort in sie ein, wo das Evangelium die Menschen erwähnt, die den König am Straßenrand begrüßen. Aber sie rufen nicht »Hosianna!«, sondern schon wie Liebesleute: »Sei willkommen! Lass auch uns dein Zion sein! Komm herein, du hast uns das Herz genommen!«

Denn Gott, den die theologische Lehre immer noch so gerne mit dem Attribut »der Allmächtige« scheinbar krönt, war wirklich mit diesem traurigen Helden Jesus. Ja, mehr noch: Gott ist – das ist begrifflich ja gar nicht zu fassen – *Mensch geworden* und hat die Gottesbilder, die seine Liebe verdeckten, abgelegt. Und so umwirbt Jesus bis heute die Menschen für seine Idee vom Himmel auf Erden, vom Reich Gottes hier. Und wirbt mit allen Registern eines Liebhabers, dass seine Liebe erwidert werde, lockt zu Sanftmut und Barmherzigkeit, zur Gerechtigkeit und zur Bereitschaft, Frieden zu stiften und zu vergeben – kurz: es ihm nachzumachen und die Menschwerdung der Menschen voranzubringen. Denn die bleibt so oft stecken, gerade auch in religiöser Rechthaberei.

Damit die großen Texte der Leidensgeschichte Jesu immer wieder als Sequenzen der einen Liebesgeschichte Gottes mit uns hörbar werden, hat Bach sie in Musik verwandelt. Trotz aller dogmatischen Begriffe, die ihr Text enthält, lässt die Kantate die Passion Jesu als die alte Liebesgeschichte hörbar werden. Sie erreicht unser Herz als die große christliche Tragödie, die es mit den griechischen Tragödien aufnehmen kann. Alle zusammen bringen sie Licht ins Dunkel unserer menschlichen Existenz. Ohne die Musik könnte ich die dogmatischen Formeln nicht mehr ertragen, weil sie Jesu Leben und Botschaft hinter der Aposteltheologie fast haben verschwinden lassen. In der Musik respektiere ich sie als Einsprengsel der alten Kirchensprache. Aber sie stehen nicht für sich, sind nicht die Wahrheit, sondern zeitbedingte Deutung. Sie sind nur Wegweiser zu der Begegnung mit Jesus, der selbst die gute Botschaft Gottes ist.

III.

Irgendwann ist mir aufgefallen, dass Martin Luther kein einziges Passionslied geschrieben hat. Was Luther vom Evangelium Jesu gesungen haben wollte, singen wir in der Advents- und Weihnachtszeit: Und in ihr geht es nun einmal um die Menschwerdung Gottes: »Das hat er alles uns getan, sein groß' Lieb' zu zeigen an«, heißt es bei Luther (EG 23,7). Darin treffen sich Luther und Bach – uns zum Trost selbst in Tagen wie diesen. Denn wenn Gott in diesem schweren Menschsein bei uns ist, dann ist ja »lauter Himmel hier« (EG 166,2) – selbst dann, wenn wir zu Zeiten vor Schmerz und Trauer die Erde unter den Füßen verlieren.

Das Leben mit Jesus ist kein religiöser Tourismus nach dem Motto »Einmal Himmel und zurück«. In der Arie heißt es: »Jesu, lass durch Wohl und Weh / Mich auch mit dir ziehen!« (6. Aria T), »in Lieben und Leiden« (8. Chor). Wohin die »Bahn«, die er uns öffnet, uns alle, diese Erde, den Kosmos, führt, wissen wir nicht. Wir haben aber einmal mehr erfahren, dass es Stationen gibt, an denen wir nur schreien können wie Jesus am Kreuz: »Mein Gott, mein Gott, warum hast du mich verlassen?« Und diese Schreie muss er hören.

Und wenn ihr mögt, sagt dazu: Amen.

Kulturelle Evolution – christlich verstanden

Sonntag Sexagesimae, Katharina-von-Bora-Haus Berg am 31. Januar 2016; Jesaja 55,11-13

I.

Zwei, drei Generationen lang hat die Gefangenschaft der Oberschicht Jerusalems in Babylon im 6. Jahrhundert v. Chr. gedauert. Die Juden hatten sich dort zum Teil durch Heirat und den Erwerb von Grundbesitz gut integriert. Als der neue Herrscher der Region, der persische König Kyros, ihnen die Rückkehr nach Jerusalem erlaubte, trug Gott Jahwe, so lesen wir, seinem Propheten Jesaja auf, sie mit einer Botschaft zur Rückkehr zu ermuntern, die Herz und Sinn erreichen sollte. Und so verheißt Jesaja den Juden, dass ihre Heimkehr begleitet sein werde nicht nur durch die eigene Freude. Nein, die ganze Natur, durch die sie nach Jerusalem ziehen sollen, werde in Jubel ausbrechen:

(Denn) in Freuden werdet ihr ausziehen und in Frieden sollt ihr geleitet werden; die Berge und Hügel werden vor euch in Jubel ausbrechen und alle Bäume des Feldes werden in die Hände klatschen. Statt der Dornen werden Zypressen wachsen und Myrten statt der Disteln. Dem Herrn zum Ruhme wird es geschehen, zum ewigen Zeichen, das nicht getilgt wird. (Zürcher Bibel 1931)

Das wunderbare Bild sollte damals sagen: Gott selbst werde diese Wanderung begleiten. Und heute? Hat Gott auch heute etwas mit den großen Wanderungen zu tun? Vor kurzem las ich im Magazin der »Süddeutschen Zeitung« einen Artikel, der sich kritisch mit Weihnachtspredigten beschäftigt hat. Darin stand: »Es gab in diesem Jahr eine Predigt, über die ein ganzes Land und Menschen in aller Welt bis heute diskutieren. Sie stammt von der Tochter eines evangelischen Pastors, die ihrer großen Gemeinde voller Überzeugung sagte: ›Wir schaffen das!‹ Und als ihr immer weniger Menschen glauben wollten, dass es keine Obergrenze für Kriegsflüchtlinge geben dürfe, mahnte sie: ›Ich muss ganz ehrlich sagen, wenn wir jetzt anfangen, uns noch entschuldigen zu müssen dafür, dass wir in Notsituationen ein freundliches Gesicht zeigen, dann ist das nicht mein Land.‹ Das war«, schrieb der Autor, »eine zutiefst christliche und sehr konkrete Aussage, die jedem Pfarrer gut [scil. zu Gesicht] gestanden hätte. [Aber:] Es waren untypische Worte für eine Kanzlerin.« Sie bekommt es tagtäglich deutlicher zu spüren. Aber hat sie denn nicht die Wahrheit gesagt?

So wie Angela Merkel reden kann nur, wer einen festen Grund unter den Füßen hat. Den hat Frau Merkel in dem persönlichen Glauben, dass die Nächstenliebe, die Notleidenden Asyl und Lebensschutz gewährt, im Tiefsten mit Gott zu tun hat, ja, praktiziertes Glaubensbekenntnis ist. Dieser Glaube gibt der Nächstenliebe die große Unbedingtheit, die sie braucht, um kalkulierbare und auch nicht kalkulierbare Widerstände überwinden zu können. Die Bibel redet dann zum Beispiel von der Fähigkeit, »Berge zu versetzen«. Das ist so, weil Nächstenliebe die menschliche Antwort auf Gottes Liebe zum Leben, zu allen Menschen und Geschöpfen, ist. Darum hält sie das Leben zur Zukunft hin offen und zugleich in Bewegung.

Um diese Kraft geht es, wenn es um Orientierung für unser Denken und Handeln geht. Denn alles, was wir heute tun, hat Auswirkungen auf die Gestalt des Lebens, das morgen beginnt, auf die Zukunft, in die hinein sich das Menschsein entwickelt. Wo es aber um *unser* Menschsein geht, geht es auch um *die* Menschheit. Denn so, wie wir Menschen uns bis jetzt entwickelt haben, sind wir noch nicht am Ziel unserer Entwicklung angekommen:

Wir haben einen Lebensstandard wie nie in der Geschichte. Aber wir haben zugleich eine Schere zwischen Arm und Reich, die sich so weit geöffnet hat wie nie zuvor. Und 100 Millionen Menschen leben auf der Flucht. Wir sind, können und haben vieles. Aber was Gerechtigkeit angeht, sind wir trotzdem erst sehr bruchstückhaft *wahre Menschen,* also so, wie Jesus wahrer Mensch war. Wir haben eine lange *biologische* Evolution hinter uns, vom Tier zum Menschen. Aber wir Menschen haben noch eine lange kulturelle Evolution *vor* uns, um wirklich menschlich zu werden und die Güter teilen zu lernen, die es auf der Erde zum Leben gibt.

In der Bibel ist die Entwicklung des Lebens weithin als Gottes Geschichte mit Israel dargestellt. Diese Geschichte wird in großen Zusammenhängen erzählt, nicht zuletzt in Erzählungen von dramatischen Aufbrüchen und Auszügen, die Menschen dazu gezwungen haben, das Gewohnte hinter sich zu lassen, um neu und besser anfangen zu können. Das gilt schon für den Auszug der noch eher vormenschlichen Menschen aus dem Paradies: Um Menschen zu werden, wie wir Menschen sind, um selbständig Gut und Böse unterscheiden zu können, mussten sie dort heraus.

Auslöser für die späteren Aufbrüche und Auszüge von Einzelnen, von Stämmen und dem ganzen Israel sind zumeist lebensbedrohende Katastrophen. Als Wegweiser dienen Träume und Prophezeiungen. In ihnen wird vermittelt, was Menschen brauchen, um die Zukunft nicht sich selbst überlassen zu müssen: starke Sehnsuchtsbilder: »Ich will dich zu einem großen Volk machen«, hört Abram von seinem Gott (1. Buch Mose 12,2). Und Mose wird von ihm berufen, Israel aus der Knechtschaft in Ägypten herauszuführen »in ein schönes, weites Land, in ein Land, wo Milch und Honig fließen« (2. Buch Mose 3,8). Später wird der kleinen Familie Joseph, Maria und Jesus das große

Glück zu überleben verheißen, wenn sie vor dem Kinder-mörder Herodes nach Ägypten fliehen (Matthäus 2,13-23). Es gäbe von Jesus nichts zu reden, wenn diese Flücht-lingsfamilie nicht eine Zeit lang in Ägypten Zuflucht gefunden hätte.

Die Verheißungen, die Menschen zur Flucht treiben, sind Sehnsuchtsbilder im doppelten Sinn: Sie sprechen ei-ne tiefe Sehnsucht an, die schon immer in den Menschen ist: Beim »großen Volk« geht es ums Wachsen, bei »Milch und Honig« um die erste flüssige und halbfeste Men-schennahrung, und bei der Flucht ums schlichte Überle-ben. Diese Bilder versteht jeder und jede sofort. Aber es sind auch Sehnsuchtsbilder, weil sie die irgendwie qual-volle Wirklichkeit durch neue Lebensfülle hinter sich las-sen. Dadurch wecken sie die Hoffnung auf ein besseres Leben. Da geht es im wahren und ganz realen Sinn um Heilsprophetie. Und so ziehen sie alles Denken und Han-deln mit unwiderstehlicher Kraft auf sich und geben den mit den Bildern positiv infizierten Menschen einen schier unglaublichen Willen, diese Ziele zu erreichen – gegen alle Widerstände und Gefahren. Man muss es erinnern: Von denen, die Mose 40 Jahre lang von Ägypten nach Ka-naan geführt hat, ist so gut wie niemand ans Ziel gelangt. Angekommen ist erst die Generation der Kinder.

Bis 2015 konnte sich kaum jemand wirklich vorstellen, was Israel während des Durchzugs durch das Schilfmeer und dann durch die Wüste durchgestanden hat, oder vie-le Jahrhunderte später auf dem Rückweg der Deportierten von Babylon zurück nach Jerusalem – alles zu Fuß, ohne Eisenbahn und Busse. Aber ab 2015 können auch diejeni-gen, die keine eigenen Fluchterfahrungen haben, aus den Videos im Fernsehen nacherleben, was Menschen heute mitmachen, die über Land und Meer und viele tau-send Kilometer kommen – sofern sie alle Gefahren über-stehen und nicht unterwegs umkommen. Und seit kurzem hören wir nun dieselben Geschichten von Frauen, die sich allein mit ihren Kleinkindern auf die Reise gemacht haben, ihren Männern hinterher. Denn sie haben über Smartphone mitbekommen, dass der Familiennachzug aus Syrien für eine bestimmte Gruppe gestoppt werden soll. So kämpfen sie mit den Füßen gegen die Wahnsinnsidee an, man könnte zerrissene Familien in unsere Gesellschaft integrieren.

II.

Welche Rolle aber spielt Gott bei den Auszügen und Aufbrüchen eigentlich? Sehen wir auf den Jesaja-Text, tritt Gott als die bewegende Kraft auf. Es geht um ihn und das, was er für *sein* Volk tut. Von ihm gehen direkte Befehle aus (»Brich auf!«, »Gehe hin…!« usw.). Was den anderen Völkern und Menschen geschieht, ist in einer solchen Sicht von Geschichte zweitrangig. Denn es geht um erzählbare Aktionen einer Heilsgeschichte, gedeutet und erzählt als Ruhmestaten eines Gottes, wie wir bei Jesaja gehört haben. Aber wer heute eine zusammenhängende Deutung der großen Fluchten und Völkerwanderungen erzählen und mit der Aufgabe verbinden will, die Geflüchteten in kulturfremde Gesellschaften zu integrieren, kann so nicht mehr von Gott und dem eigenen Volk reden. Von Gott zu reden hat überhaupt nur Sinn, wenn Gott für alle da ist. Und Heilsgeschichte kann heute nur eine Geschichte sein, in der alle Völker für Gott in gleicher Weise wichtig sind. Deswegen können wir auch der Frage nicht ausweichen, wer Gott in den großen Wanderungen unserer Zeit ist.

Ich versuche, eine Antwort im Zusammenhang mit der kulturellen Evolution zu geben, die *vor* uns liegt. In ihr wird es darum gehen, wie sich das Menschsein der Menschheit, genauer: die Menschlichkeit der Menschheit weiter entwickeln wird. So wenig wir im Blick auf die

Zeiträume sagen können, die dabei vor uns liegen: Ganz gewiss wird eine Entwicklung zu mehr Menschlichkeit von uns verlangen, dass wir diejenigen Werte, die wir bisher mit der eigenen Nation, der eigenen Religion und Kultur verbinden, nicht mehr absolut setzen können. Seit die Vereinten Nationen die Allgemeine Erklärung der Menschenrechte beschlossen haben, schließt die Nächstenliebe auch jene Form von Menschlichkeit ein, die der Philosoph Hans Jonas als die »Fernstenliebe« bezeichnet hat. Die Fernsten sind all diejenigen, die hinter den Grenzen leben, die das eigene Volk, die eigene Religion und Kultur, aber natürlich auch die eigene Wirtschaft gegen von außen kommende Wünsche nach Teilhabe daran abschotten sollen. Erst wenn sich Nächsten- und Fernstenliebe verbinden, wird es zu dem Bewusstsein kommen, an dem es heute noch gewaltig mangelt: an dem Bewusstsein, dass zu *der* Menschheit wirklich *alle* Menschen gehören.

Was *diese* Integrationsaufgabe angeht, ist Gott für mich die an keine Bedingungen gebundene Liebe zum Leben. Sie erlaubt uns, in großen Zusammenhängen und Zeiträumen zu denken. Sie erlaubt uns auch zu glauben, dass alles Gute, und zwar auch alles jetzt noch für unmöglich gehaltene Gute, möglich werden kann. Damit die dafür nötigen großen Vorwärtsbewegungen, für die viele arbeiten, nicht steckenbleiben, bedürfen wir der Sehnsuchtsbilder, von denen ich gesprochen habe. Sie kommen aus kleinen und großen Träumen und Visionen und nehmen die Bedürfnisse der Menschen ernst. »I have a dream« – kann dafür das Stichwort sein. Nichts beflügelt unsere Seele mit solcher Dynamik wie diese Träume vom Menschsein.

III.

Genau genommen gehört das, was Jesus in den Seligpreisungen der Bergpredigt als Kennzeichen menschlicher Gotteskindschaft gepriesen hat, auch zu den Sehnsuchtsbildern. »Söhne und Töchter Gottes« nennt Jesus die, die seinen Weg gehen. Nicht nur den einen Sohn, alle Söhne und Töchter Gottes erkennt man daran, dass sie Menschen helfen, dass ihre Sehnsüchte nach der Anerkennung ihrer Menschenwürde, nach Gerechtigkeit, Frieden und Bildung, ja, oft sogar nur danach, satt zu werden, Wirklichkeit werden. Dabei geht es nicht um Luxusartikel, sondern um Lebensgaben, die Gott jedem seiner Geschöpfe zugesteht. Das ist die Grundausstattung zur Menschwerdung. Also haben solche Sehnsuchtsbilder auch mit Gott zu tun. Ja, sie sind uns allen von Gott selbst in Herz und Sinn gegeben. Uns hat Jesus mit diesen Hoffnungsbildern infiziert, aber zum Glück gibt es auch noch andere Männer und Frauen, die Ähnliches in anderen Kulturen bewirkt haben. Denn ohne diese Hoffnungsbilder gäbe es keine kulturelle Evolution. Und das heißt: keine fortschreitende Menschwerdung der Menschen.

Liebe Gemeinde, ihr könnt alle Dogmen vergessen. Aber lasst euch diesen Menschen Jesus immer tiefer in eure Seele brennen. Und brennt ihn auch euren Kindern und Enkeln als Bild des Menschen in die Seele ein. Das ist die beste Erbschaft und die beste Bildung, die ihr weitergeben könnt: die Teilhabe an der Sehnsucht nach liebevollen menschlichen Beziehungen, nach Sanftmut und Barmherzigkeit, nach Gerechtigkeit und nach Frieden durch die Bereitschaft, einander Schuld zu vergeben. *Das* heißt kulturelle Evolution, christlich verstanden.

Darum ist für mich klar, dass die Kraft, die Menschen aus Kriegs- und Elendsregionen der Erde aufbrechen und bei den Wohlhabenden die vermissten Lebensgaben suchen lässt, mit Gott zu tun hat. Wir schulden ihnen, unseren Wohlstand mit ihnen zu teilen – durch Integration derer, die es bis zu uns geschafft haben, und durch eine Politik, die die Lebenschancen der Menschen in den Her-

kunftsländern so verbessert, dass niemand mehr zu fliehen braucht. Das haben die Väter des Asylrechts genauso
verstanden wie alle, die den hier bei uns Angekommenen
ihre wunderbare Hilfsbereitschaft geschenkt haben und
weiterhin schenken. So werden wir bestehen können vor
dem Gebot, das im 4. Buch Mose zum Recht der Fremd-
linge zu lesen ist: »Und wenn ein Fremder bei euch
wohnt, ... ein und dasselbe Recht gilt für euch wie für
den Fremden, der bei euch wohnt. Das ist eine ewiggül-
tige Satzung für euch und eure Nachkommen.« (15,14-16)

Und wer möchte, sage dazu: Amen.

»Der Versucher«
ist die Personifikation unserer maßlosen Wünsche

Misericordias Domini, Katharina-von-Bora-Haus in Berg am 30. April 2017; Lukas 4,1-13 und Parallelen bei Markus und Matthäus

I.

Stärker als die anderen Evangelisten ist Lukas daran interessiert, am Weg Jesu zugleich den Weg aufzuzeigen, den Christen als ihren eigenen Weg gehen können. Deswegen hat Lukas so viele Fragen wie möglich aufgenommen, die sich Christen in der Welt stellen, wenn sie versuchen, Jesus nachzufolgen. Beispielhaft lässt er die Jünger, die Jesus auf seinem Weg begleiteten, diese Fragen stellen. Aus ihren Fragen und Jesu Antworten soll die Gemeinde für sich lernen. Als einziger Evangelist hat Lukas sein Evangelium in einem zweiten Werk fortgeführt: in der Apostelgeschichte. In ihr wird erzählt, wie die Gemeinde Jesu ihren Weg in der Welt ohne den leiblich gegenwärtigen Herrn, aber begleitet vom Auferstandenen, geht.

Diese Absicht, Jesu Weg als Wegweisung für Christen zu schreiben, lässt sich an einer Stelle besonders gut ablesen, an der sich Lukas von den anderen Evangelisten unterscheidet. Während in der Erzählung von der Versuchung Jesu bei Matthäus (4,1-11) und Markus (1,12-13) am Ende Engel erscheinen, die dem geplagten Jesus dienen, lässt Lukas diesen Engeldienst weg. Er wollte seiner Gemeinde keine falschen Hoffnungen machen: Christen sollten nicht angeleitet werden zu erwarten, dass ihnen nach einer überstandenen Versuchung Engel dienen. Deshalb erhält auch Jesus diesen Dienst nicht.

Allen Evangelien gemeinsam ist, dass die Versuchung Jesu nicht vom Teufel, sondern vom Geist Gottes selbst inszeniert wird: Gott steht dahinter, er treibt Jesus heraus

aus der Sicherheit in die Wüste, in eine unbehauste Gegend, und lässt ihn vierzig Tage und Nächte dort fasten. Markus berichtet nur dies, erwähnt aber mit knappen Worten noch etwas, womit die anderen beiden offenbar gar nichts haben anfangen können und es deshalb nicht in ihr Evangelium übernommen haben: Dass Jesus in der Wüste »bei den Tieren« war. Das erinnert an eine Zeit, für die der Begriff »Paradies« steht, oder an Schilderungen des Friedensreiches Gottes, in dem Menschen und Tiere friedlich miteinander leben (Jesaja 11,1-11). Ob nun diese kurze Beschreibung der Versuchung Jesu bei Markus oder ihre in drei Schritten vor sich gehende Schilderung bei Matthäus und Lukas – inszeniert wird die Versuchung Jesu vom Geist Gottes. Darin hebt sich diese Versuchungsgeschichte deutlich von derjenigen ab, die wir im 1. Kapitel des Hiob-Buches haben. Denn da ist es Satan, der den Anstoß dazu gibt, Hiob auf die Probe zu stellen.

Wenn aber Gottes Geist in die Versuchung führt, dann kann keine zerstörerische, keine böse Absicht damit verbunden sein. In der Tat geht es um etwas anderes. Es geht darum, den Versucher vor der Gemeinde buchstäblich »vorzuführen« und zu entzaubern. Sie soll erkennen, was Versuchung ist, mit welchen Mitteln »der Versucher« in und an uns arbeitet, und wie ein Christ der Versuchung standhalten kann. Das Erste, was wir an Jesu Beispiel ablesen können, hängt damit zusammen, dass bei allen Evangelisten die Taufe Jesu der Versuchung vorangeht. In der Taufe hat der Geist deutlich gemacht, dass er *mit* Jesus ist. Und das ist ein Hinweis auch für uns Christen: Auch wir haben in der Taufe den Geist Gottes bekommen. Auf ihn können wir uns berufen, mit ihm können wir uns wehren, wie Jesus sich gegen die Versuchung gewehrt hat.

II.

Matthäus und Lukas wissen mehr über die Zeit in der Wüste. Die Versuchung Jesu besteht aus drei Versuchungen. In der ersten soll Jesus dazu verleitet werden, aus Steinen Brot zu machen. Dabei geht es nicht um eine Art Zauberkunststück. Damit wäre das Wesen der Versuchung völlig missverstanden. Es geht um das Mittel zu einem guten Zweck: Wo es so viel Hunger in der Welt gegeben hat und gibt, da taucht doch irgendwann fast von selbst die versucherische Frage auf, die Jesus jetzt gestellt wird: »Bist du Gottes Sohn, so gebiete diesem Stein, dass er Brot werde!« Mit einem Schlag wären alle Hungerprobleme in der Welt gelöst! Das wäre doch etwas, das zu Jesus passt! Und trotzdem lehnt Jesus ab und sagt: »Nicht allein vom Brot wird der Mensch leben.« Wenn Jesus dieser Verlockung gefolgt wäre, wäre er ganz und gar in die Rubrik der Wundertäter einzuordnen gewesen. Aber damit hätte er seine Botschaft, seinen wahren Dienst an der Menschheit verstellt. Was Jesus den Menschen entdecken wird, ist *nicht*, wie sie ihre leiblichen Bedürfnisse mit seiner göttlichen Hilfe stillen können. Auf *diese* Bedürfnisse weist sein Gebot der Nächstenliebe, weist das große Gleichnis vom Weltgericht (Matthäus 25,31-45), in dem es um Solidarität als Maßstab für Menschlichkeit geht. Es gehört zu unserer Menschenwürde, dass wir durch Arbeit, Politik und Diakonie dafür sorgen, dass alle zu essen haben. Würden wir an einen Dauertropf gehängt, aus dem himmlisches Manna fließt, wäre unsere Menschenwürde dahin. Leben ist nicht gleichzusetzen mit Essen, Verzehren, In-sich-Einverleiben. Das Leben, dem Jesus den Weg weist, kommt aus der Liebe und befähigt dazu, Verantwortung für andere zu übernehmen. Darauf weist das Wort Gottes; eine Brotvermehrung allein hätte darauf *nicht* gewiesen. Matthäus hat die Antwort Jesu daher um einen zweiten Teil erweitert: »Nicht vom Brot allein wird der Mensch leben, sondern von jedem Wort, das aus Gottes Mund hervorgeht.« Da ist schon die Predigt der Kirche im Blick. An ihrer Aufgabe hat sich bis heute nichts geändert.

III.

Auch die zweite Versuchung (bei Matthäus ist das die dritte) will Gutes erreichen: Jesus soll Weltherrscher sein. Wieder wäre dieser Gedanke missverstanden, wollte man darin zuerst etwas Böses sehen. Jesus als Weltherrscher! Was für ein toller Gedanke! Auch dadurch könnten doch alle Probleme der Welt in seinem Sinne gelöst werden! Denn alle »Macht und Herrlichkeit« der Erde, »the power and the glory«, stünden ihm zur Verfügung. »In einem Augenblick« führt der Versucher Jesus dies alles vor Augen. Und Lukas weiß als Einziger, der Versucher habe behauptet, ihm allein stünde es zu, diese Macht und Herrlichkeit zu vergeben, an wen *er* will.

Liebe Gemeinde, hier müssen offenbar der menschliche Wunsch, »alle Macht und Herrlichkeit« *haben zu wollen*, und des Versuchers Vollmacht, darüber zu verfügen, zusammen gesehen werden. Und dann klärt sich, dass der Versucher nur deshalb diese Macht hat, weil unser menschlicher Wunsch, alle Macht und Herrlichkeit der Welt besitzen oder doch wenigstens kräftig daran Anteil haben zu wollen, bereits versucherisch ist. Er übersteigt nämlich unser Menschenmaß. Er verzerrt das Menschsein. Und wie so oft weiß auch hier ein geflügeltes Wort unserer Sprache, worum es geht. Denn wir sagen ja auch von jemandem, der die Karriereleiter sehr hoch »hinaufgefallen« und dabei vielleicht auch rücksichtslos vorgegangen ist, er sei »ein hohes Tier geworden«. Das Menschsein hat er zurücklassen müssen, heißt das. Der Wunsch, alle Macht und Herrlichkeit haben zu wollen, das kommt hier heraus, ist in sich selbst »teuflisch«: Er ist lebensfeindlich, zerstört alle Geschwisterlichkeit des Lebens, hindert uns daran, anderen mit unseren Gaben zu dienen. Teuflisch ist unsere versucherische Neigung dazu, alles haben zu wollen, keine Grenzen zu akzeptieren. Deshalb antwortet Jesus: »Du sollst den Herrn, deinen Gott, anbeten und ihn allein ehren.« Da liegt der Schlüssel zur Abwehr aller Versuchung.

IV.

Die dritte (bei Matthäus: zweite) Versuchung zeigt uns, wie lernfähig die Stimme der Versuchung in unserem Herzen arbeitet: Das Bibelzitat, mit dem Jesus sich bisher gewehrt hat, schickt der Versucher seiner Zumutung nun selbst schon voraus. Wie raffiniert! Also: Da Gott seinem Sohn doch sicher nicht verwehren wird, was er dem Frommen verheißen hat – lass dich von seinen Engeln tragen! Ja, gib doch Gott einmal eine Chance, seine Macht in einer öffentlich inszenierten Show zu demonstrieren! Stürze dich von der Zinne des Tempels! Lass dich zur Erde tragen! Das wird Eindruck machen, du wirst einen weltbewegenden Auftritt haben! Das würde Gottes Sache nützen! Jesu Antwort ist knapp: »Du sollst den Herrn, deinen Gott, nicht versuchen.« ›Du sollst nicht Gottes Teufel spielen, indem du Gott für deine Zwecke benutzen willst‹, heißt das. Und damit schlägt Jesus den Versucher aus dem Feld. Erst später (Lukas 22,3) versucht der es noch ein letztes Mal, Jesus aus der Bahn zu werfen: Als er in Judas fährt und Judas Jesus verrät. Auch Judas war sich dann eine Zeit lang sicher, mit dem Verrat etwas Gutes zu tun – bis er voller Verzweiflung erkannt hat, dass er das Gute gewollt, aber Schlimmes getan hat.

Es gibt viele dramatische, tragische geschichtliche Beispiele dafür, dass Menschen Gott benutzt haben, um für sich alle Macht und Herrlichkeit zu bekommen. Eins davon ist die Rassentrennung, Apartheid, in Südafrika gewesen. Denn sie wurde aus der Bibel begründet, so irrwitzig uns das heute auch vorkommt. Im Namen Gottes wurden alle Privilegien den Weißen vorbehalten, volle Menschenrechte den Farbigen verweigert. Aber wir dürfen nicht allein zurückschauen, wenn wir begreifen wollen, worum es geht. Denn heute stehen wir durch all die technischen Möglichkeiten, die wir Menschen entwickelt haben, wieder vor schweren Versuchungen. Eine rät uns, menschliche Stammzellen, die aus Embryonen gewonnen werden, in Leben verbrauchender, d. h. Menschenleben tötender Forschung einzusetzen. Wieder geht es um Gutes – »Leben retten«. Doch das Mittel, das dazu eingesetzt wird, ist nicht gut. Für den Zweck kann man sich auf Gott berufen, für das Mittel zum Zweck nicht. Wenn das aber so ist, wird auch der gute Zweck vom unakzeptablen Mittel überschattet. Und blicken wir genau hin, wird der Wunsch, *alle* Krankheiten heilen zu wollen, als ein lebensfeindlicher Wunsch erkennbar: Er brächte das Leben aus der Balance.

V.

Das Wesen der Versuchung ist, Gott zu versuchen, Gott in Dienst nehmen zu wollen – mythisch gesprochen: Gott gegenüber Teufel zu spielen. Darum hat Lukas die Tempelsturz-Versuchung an den Schluss gestellt. Nun können wir noch einmal fragen: Von wem ist dem Versucher alle Macht und Herrlichkeit übergeben worden, so dass er sie geben kann, wem er will? Antwort: Von denen, die den versucherischen, d. h. Gott instrumentalisierenden Gedanken in sich entwickeln! Denn »der Versucher« hält Jesus nichts anderes vor – als unsere tiefsten Wünsche. Der »Versucher« ist kein Anti-Gott, der Gott gleichrangig gegenüberstünde. »Satan«, »Teufel«, »Versucher« – das sind Personifizierungen, die deutlich machen, welche Gewalt solche Wünsche über uns alle haben können: Sie können unser Denken und Handeln so bestimmen, dass wir ihre

Diener werden. Und das gilt nicht nur für uns als Einzelne, sondern auch für ganze Völker. Eine Macht über uns *hat* »der Versucher« nur, wenn wir ihm quasi-göttlichen Rang einräumen. Und das tun wir, wenn wir die Versuchungen auf einen personhaften »Versucher« projizieren. Die Attraktion dieses Gedankens besteht aber darin, dass dann, wenn es einen personifizierten Versucher gibt, wir jemanden außerhalb von uns selbst verantwortlich, haftbar machen können für die Wünsche, die aus uns selbst kommen.

Nein, wir brauchen unsere ins Maßlose gehenden Wünsche, für die wir Gott so gerne in Dienst nehmen wollen, nicht mehr wie in mythischer Sprache auf einen Teufel zurückzuführen. Um des Lebens, um der Geschwisterlichkeit der Menschen und der Gottheit Gottes willen können wir sie *in uns* als versucherisch aufdecken – indem wir auf Jesu Versuchungen und seine Abwehr sehen. Auch in ihm sind versucherische Gedanken aufgekommen. Wäre er ihnen gefolgt, hätte er seine Haut wohl noch für ein paar Jahre retten können. Aber uns hätte dann keiner den Weg zum Leben gewiesen, keiner »den Versucher« enttarnt und entmachtet.

Und wer mag, sage dazu: Amen

Gott ist Gott für alle,
das Wohl der anderen ist auch unser Wohl

21. Sonntag nach Trinitatis, Hamburg-Blankenese am 21. Oktober 2018; Jeremia 29,1-12(24-32)

I.

Inmitten des eben verlesenen Abschnitts aus dem Buch des Propheten Jeremia gibt es mehrere Sätze, die jeweils als »Spruch des Herrn« bzw. im hebräischen Original als »Spruch Jahwes« bezeichnet werden. In diesen Sätzen redet Gott Jahwe in direkter Rede. Das sollte für die Hörer und Leser heißen: Auf diese Worte ist Verlass. »Spruch Jahwes« war in Israel gewissermaßen das Gütesiegel für die Authentizität von prophetischen Gottesbotschaften.

In unserem Spruch spricht Gott Jahwe Menschen an, die der babylonische Großkönig Nebukadnezar nach Babel verschleppt hatte. Denn der judäische König, der ein Vasall Nebukadnezars war, hatte den Vasallenvertrag mit Nebukadnezar kurzerhand aufgekündigt und die Tributzahlungen an ihn eingestellt. Der Zwerg Juda sagte dem Riesen Babylon: Du kannst uns nichts mehr befehlen, und wir zahlen dir keinen Pfennig mehr. Das ließ der sich nicht bieten und tat, was zu erwarten war: Er ließ Jerusalem im Jahr 587/6 v. Chr. samt dem Tempel zerstören. Und damit es keine neuen Aufmüpfigkeiten geben würde, ließ er die jüdische Oberschicht von Jerusalem samt ihren Priestern – von Ausnahmen abgesehen – nach Babel verschleppen. Dieses Verfahren hatten die Babylonier von den Assyrern gelernt.

Größer konnte die Katastrophe für die Judäer nicht ausfallen. Das gilt nicht nur im Blick auf die Verschleppung der Oberschicht und auch nicht nur im Blick auf die Zerstörung Jerusalems. Noch schlimmer war für die Juden die Zerstörung des von Salomo gebauten Tempels, der immerhin das Haus ihres Gottes war. Und am aller-schlimmsten war die bittere Einsicht, dass Jahwe dies alles nicht verhindert hatte – er, der doch das jüdische Volk einst aus der Gefangenschaft in Ägypten befreit und die den Juden nachjagenden Ägypter im Roten Meer hatte umkommen lassen. Diese Ereignisse bildeten den Grund-bestand des Glaubensbekenntnisses Israels. Von ihm her hatten die Juden darauf vertraut, dass ihr Gott Jahwe sein Volk in alle Zukunft begleiten und schützen werde. Zigmal ist diese Zusage in den Gottesdiensten wiederholt worden. Und trotzdem war nun diese Katastrophe geschehen! Hat-te Jahwe sein Volk verlassen? War er zu schwach gewesen gegenüber Marduk, dem Gott der Babylonier?

II.

Die Juden bekamen Antwort auf ihre Fragen durch einen Brief, den ihnen der Prophet Jeremia aus Jerusalem schickte. Solche Propheten-Einsätze kennen wir aus der Bibel vielfach, und auch die Israel umgebenden Völker kannten verwandte Seher oder Priester, die ihnen in gött-lichem Auftrag den Weg weisen sollten. Ein Prophet redet – so sagen wir manchmal – als der »Mund seines Gottes«. Das sagt sich so leicht, ist aber alles andere als leicht zu verstehen. Wie geht das denn, fragt man sich, wenn ein Prophet als Mund Gottes redet? Diktiert Gott ihm fertige Sätze, so dass er sie nur niederzuschreiben braucht? Wie legitimiert ein Gott seine Sätze? Ist es so zu denken, wie muslimische Theologen sich den Empfang des Koran-Tex-tes durch Muhammad vorstellen? Dass der fertige Text bei Allah im Himmel war und Muhammad ihn Satz für Satz und Sure für Sure von Allah vermittelt bekommen hat?

Die Frage, wie eine direkte Gottesrede in menschlicher Sprache zustande kommt, ist im Blick auf Jeremias Brief nach Babylon aus einem besonderen Grund wichtig: Schließlich ist im 29. Kapitel bei Jeremia davon die Rede, dass es in Babylon noch andere jüdische Propheten gab, die sich zu der Frage äußerten, wann die Juden nach Jerusalem zurückkehren könnten. Jahwes Botschaft lautete aus *dieser* Propheten Mund: Sehr bald! Solche Botschaft werden die Leute gerne gehört haben, denn das war Jahwe ja eigentlich seinem Ruf als Befreiergott schuldig. Aber dagegen macht Jeremia Front und schreibt, diese Propheten verbreiteten nichts als ihre Träume. Besonders scharf aber reagiert er auf einen Propheten namens Schemajahu. In Gottes Namen droht er ihm und seiner Familie Unheil an: Sie sollen ausgerottet werden! Das ist eine grobe Sprache. Doch die hatte sein Konkurrent auch schon verwendet. Schemajahu hatte nämlich den in Jerusalem verbliebenen Priester gefragt, ob sich denn in Jerusalem »jeder Verrückte« – damit meinte er Jeremia – als Prophet aufspielen dürfe. Man solle seinen Kopf in ein Halseisen einschließen – also ihn mundtot machen!

Schemajahus Wut zielte auf Jeremias Botschaft an die Verschleppten, die zusammengefasst so lautete: ›Richtet euch ungefähr auf 70 Jahre, also auf drei Generationen, in Babel ein.‹ Und konkret: »Baut Häuser und pflanzt Gärten (in Babylon) und esst ihre Frucht, nehmt Frauen und zeugt Söhne und Töchter; und nehmt Frauen für eure Söhne und gebt eure Töchter Männern, damit sie Söhne und Töchter gebären, damit ihr dort zahlreicher werdet und nicht weniger. Und sucht das Wohl der Stadt, in die ich euch zur Verbannung geführt habe, und betet für sie zum Herrn, denn in ihrem Wohl wird euer Wohl liegen. So spricht (Jahwe) der Herr der Heerscharen.« Krasser konnte der Gegensatz zwischen den Botschaften der beiden Propheten nicht sein. Doch nur einer konnte die Wahrheit gesagt haben. Ganz offenbar konnten die Menschen gar nicht sicher sein, dass sie, wenn ein Prophet in Gottes Namen redete, wirklich eine *Gottes*botschaft hörten! Die einzig zuverlässige Überprüfung eines Prophetenwortes war deshalb der Gang der Dinge. Doch keiner von denen, die Jeremias Botschaft hörten, hatte noch 70 Jahre Lebenszeit. Also mussten sie sich entscheiden, wem sie *glauben* wollten.

III.

Als das Buch des Propheten Jeremia fertig geschrieben war, waren die meisten der Verschleppten schon wieder in Jerusalem. Und im Rückblick auf den Prophetenstreit konnte jedermann feststellen, dass Jeremia recht behalten hatte: Das Exil in Babylon hat ca. 60 Jahre gedauert; zusammen mit den Jahren der Rückübersiedlung vieler sind also die von Jeremia vorhergesagten 70 Jahre erreicht worden. Denn die nächste Weltmacht, die die Babylonier abgelöst hatte: die Perser, haben 538 durch ihren König Kyros verfügt, dass die Verschleppten wieder zurückkehren konnten. Ja, die viel toleranteren Perser haben später sogar dafür gesorgt, dass wieder ein Tempel in Jerusalem aufgebaut wurde.

Doch noch einmal, und ehe ich auf die inhaltliche Seite der Botschaft Jeremias eingehe, die Frage: Wie kann man sich die Entstehung einer prophetischen Rede Gottes erklären? Die Brücke dahin führt über eine Fähigkeit, die wir Menschen sehr früh lernen: Ich meine die Fähigkeit, uns von dem, was andere Menschen im Sinn haben, eine Vorstellung machen zu können. Wir können, um es sprichwörtlich zu sagen, in eincm bestimmten Maß die »Gedanken lesen«, die sich andere machen, ja, wir können uns »in sie hineinversetzen«. Als die frühen Menschen angefangen haben, in dem Walten der Naturmächte göttliche Wesen zu sehen, haben sie irgendwann auch begonnen, sich zu fragen, was die Naturmächte dazu brachte, immer wieder einmal durch Fluten oder große Dürren, durch Vulkanausbrüche oder Meteoriteneinschläge auf furchtbare Weise in das Leben der Menschen einzugreifen. Aufgrund von Beobachtungen haben weise Leute dann als Antwort ein einfaches Grundmuster entwickelt: Das besagte, dass jede Wirkung eine Ursache hat. Und so sind sie auf die Idee gekommen, die Ursache für Naturkatastrophen nicht bei den fremden Mächten, sondern bei sich selbst zu suchen – und die Katastrophen als Strafaktionen der Naturmächte darauf zu deuten. Sie haben also angefangen, die Gedanken der Naturmächte zu lesen und sie so in ihr Leben einzubeziehen; zugleich haben sie sich in dem Leben der Götter eingenistet, insofern diese nun ständig auf menschliches Wohl- oder Fehlverhalten reagieren mussten. Genau das aber können wir auch bei allen großen Religionen in den ersten Jahrtausenden vor Christus dokumentiert finden. Sie haben sich bemüht, die Gedanken ihrer Götter und Göttinnen zu erkunden, haben Erfahrungen mit ihnen gesammelt und aus den gesammelten Erfahrungen auf künftiges Verhalten der Gottheiten geschlossen und sich dem angepasst. Nicht zuletzt dazu sind die Kulte geschaffen worden: Sie sollten die Götter durch *Opfer* den Menschen gewogen erhalten, oder sie besänftigen, wenn sie durch menschliche *Sünden* zornig geworden waren.

Erwies sich aber ein als »Spruch Gottes« bezeichnetes Prophetenwort als falsch, musste die Prophezeiung und eventuell auch das Gottesbild geändert werden. So entstand das, was wir heute *Theologie* nennen. Und auch da gilt: Wenn das Gottesbild sich ändert, machen die einen mit und die anderen nicht. Das ist in Blankenese genauso wie in Berg, wo ich wohne. Und das ist auch in den Theologenschaften an den Universitäten nicht anders. Wir erforschen alte heilige Schriften, eigene und mittlerweile auch fremde, um Gott, und uns im Gegenüber zu ihm, zu verstehen – und um zu erkennen, was wir tun müssen. Wir »lesen« sozusagen Gottes Gedanken. Und ohne dass wir es merken, mischen wir in das von Gott »Erkundete«

unsere eigenen Wünsche und Hoffnungen ein. Seit eh und je ist es so gewesen, dass die Menschen dabei zum Teil sehr Unterschiedliches von Gott erkannt haben. Auch das Nebeneinander der vier Evangelien im Neuen Testament bezeugt, wie stark voneinander abweichen kann, was Menschen von Jesus wahrgenommen haben. Das aber heißt: Auch da, wo von *Offenbarung* geredet wird, geht es immer um *Wahrnehmungen*, die Menschen gemacht – und gedeutet haben.

So war es wohl auch bei Schemajahu und Jeremia. Schemajahu dachte traditionell. Er blieb dabei, dass sich die Juden von allen anderen Völkern fernhalten sollten. Schon gar nicht sollten sie sich durch Heirat und gemeinsame Kinder in Blutsverwandtschaften mit Andersgläubigen ziehen lassen. Denn das könnte dazu führen, dass sich für die Menschen auch die Grenzen zwischen Jahwe und den Göttern und Göttinnen der anderen verwischten! Und dieser »Verrückte«, der Jeremia, verkündet mit dem »Ich« Jahwes trotzdem: Baut Häuser, pflanzt Gärten in Babylon, heiratet dort und sorgt, dass ihr Enkel bekommt, die eine doppelte Abstammung haben. Jeremia meinte nämlich, in Gottes Sinn gelesen zu haben, dass die Juden sich in Babylon vermehren und eine Zukunft haben sollten, die sie allein nicht haben könnten. Und so deutete er die schlimme Niederlage der Juden gegen die Babylonier als von Gott gewollt: Er, Jahwe, habe sie in das Exil geführt, sagt er. Und Jeremia formuliert die Gedanken, die er in Gottes Sinn gelesen hat: »Ich, ich kenne meine Gedanken, die ich über euch habe, … Gedanken des Friedens und nicht zum Unheil, sondern um euch eine Zukunft zu geben und Hoffnung.« Für Jeremia war klar: Wenn sich die Juden mit den Babyloniern verbinden, werden sie Frieden mit ihnen haben. Tatsache ist, dass die Zeit in Babylon für die Juden einen gewaltigen kulturellen Schub bedeutet hat.

IV.

Ich lade euch ein, liebe Gemeinde, mit mir darüber nachzudenken, wie wir heute Gottes Gedanken des Friedens,
die Zukunft und Hoffnung geben wollen, für uns konkre-
tisieren können. Ich bin mir sicher, dass diese Gedanken
auch heute darauf zielen, dass sich Menschen aus unterschiedlichen Völkern und Religionen verbinden. Sie sollen Grundsteine für Brücken legen, die über die alten
feindlichen Grenzen hinwegführen in eine bessere Zukunft, ohne Krieg. Jeremia hat eine wunderbare Theologie begonnen und Gott als Wegbereiter dafür erkannt.
Nur dadurch kann er der ungeheuerlichen Niederlage Israels und der Verschleppung ins Exil sogar etwas Gutes
abgewinnen. Denn die blutsmäßige Verbindung mit den
Babyloniern – so las Jeremia in seines Gottes Sinn – werde dafür sorgen, dass es mit ihnen keinen Krieg mehr geben wird. Nur so konnten die alten Barrieren in den Köpfen, die die Volks- und Religionsgrenzen aufgerichtet
hatten, durchbrochen werden. Das war eine revolutionäre Veränderung des Gottesbildes: Der Gott selbst, von
dem man annahm, dass er sich auf ewig nur mit *einem*
Volk verbündet hätte, führte sein Volk genau über diese
Grenze hinweg.

Um diese Theologie der Entgrenzung in unserer Welt
fortzuführen, muss man nicht Theologie studiert haben.
Wichtig ist, dem ungeheuer schlichten Grundsatz zu folgen, den Jeremia formuliert hat: Denkt, auch im Gebet,
über die alten Grenzen hinweg. Gott ist Gott für alle.
Auch die euch Fremden sind Menschen wie wir, haben
Hoffnungen und Ängste wie ihr, brauchen Frieden wie
wir alle. In Summa: »Das Wohl der anderen wird auch euer Wohl sein.« Für uns heißt das: Wir müssen endlich
ernsthaft damit anfangen, im Blick auf die anschwellen-
den Migrationen das Wohl der bisher Chancenlosen zu
fördern. Lassen wir uns von unserem Gott über die Gren-

zen in unseren Köpfen führen! Wir müssen davon ausgehen, dass wir unseren Wohlstand nur stabilisieren können, wenn wir ihn auch dahin bringen, woher die Flüchtlinge kommen. Bisher liefern wir immer noch vor allem Waffen in die Krisengebiete. Das heißt Öl ins Feuer gießen und schließt einen Teufelskreis. Wir müssen die zerrissene Welt, in der der Nationalismus wieder sein Haupt erhebt und die Parole »Wir zuerst!« verbreitet, neu erfinden als eine Ökumene, aus der niemand ausgeschlossen ist. Wir müssen unser Wohl an das Wohl der anderen binden. Wir tollen Exportweltmeister müssen anfangen, den *Wohlstand* zu exportieren. Das muss unser Gottesdienst werden.

Und wer dem zustimmen mag, der sage: Amen.

Epiphanie – die geschlossene Welt wird geöffnet

2. Sonntag nach Epiphanias in Berg am 20. Januar 2019;
Markus 9,2-10

I.

Predigten sollen, hat man früher gesagt, das Gemüt erbauen, also Mut machen, Jesus nachzufolgen. Das kann so stehenbleiben, wenn man den Satz ergänzt um den Zusatz: Predigten sollen auch aufklären, warum und mit welcher Absicht unsere religiösen Überlieferungen so geworden sind, wie wir sie in der Bibel haben. Dafür eignet sich, finde ich, die Geschichte von der sogenannten »Verklärung« Jesu gut. Denn bei einer Erzählung, in der es um bildliche und akustische Erscheinungen geht, handelt es sich nicht um eine christliche Besonderheit. Wir brauchen bei modernen Bibelausgaben nur an den Rand zu schauen und uns die dort angezeigten biblischen Parallelen anzusehen, um zu erkennen, dass die Evangelisten in der sogenannten Verklärungsgeschichte auf biblische Vorbilder zurückgreifen und diese zitieren. Das gilt vor allem für Erscheinungen Jahwes, die auf dem Berg Horeb dem Mose (2. Buch Mose 24 und 34) und später dem Propheten Elia (1. Könige 19) zuteil geworden waren. Von daher erklärt sich auch, dass gerade *sie* von den Jüngern neben Jesus gesehen werden.

Doch auch in nichtbiblischen Literaturen gibt es zahlreiche Erzählungen, in denen Gestalten sich sehen und Stimmen sich hören lassen, die die alltäglichen Erfahrungen unterbrechen. Und diese Erscheinungen verändern das Leben derer, in das sie buchstäblich einbrechen.

Verwandt sind diese Erscheinungen mit Erfahrungen, die Menschen in Träumen gemacht haben, und auch mit den sogenannten Nahtoderfahrungen. Wobei in den Nahtoderfahrungen eine in Lichtglanz gehüllte Gestalt mit einer guten Botschaft eine zentrale Rolle spielt.

Allen Erscheinungen sind gewisse Erzählzüge gemeinsam: Die Gestalten sind groß, sie werden von einem ungewöhnlichen Lichtglanz (Nimbus) umhüllt, der mal ihre Haut, mal ihre Kleider glänzend weiß macht; die Menschen, die die Erscheinung miterleben, geraten in Furcht, werden aber von den Erscheinenden mit der typischen Aufforderung »Fürchte dich nicht / Fürchtet euch nicht!«, die wir aus der Weihnachtserzählung bei Lukas kennen, und einer sofort folgenden Botschaft beruhigt. Und sie erhalten einen Auftrag, der ihr Leben verändert.

Fragen wir, warum die alten Erzähler solche aufwendigen Szenen und Erzählungen verwendet haben, so gibt es eine schlichte Antwort: Die große, zum Teil *ungeheuer* große Bedeutung, die jene Botschaften beinhalten, werden von diesen Erzählungen legitimiert, und zwar *göttlich.* Denn durch alle religiösen Epiphanien scheint der in einer anderen als der irdischen Wirklichkeit geglaubte Gott hindurch: Die Erscheinungen öffnen also die in sich geschlossene Welt für die Transzendenz. In der Gotteserscheinung, die Mose auf dem Berg Horeb erlebt hatte, ging es darum, dass Gott Jahwe mit Israel einen Bund schließt und die Zehn Gebote erlässt. In der Verklärungsgeschichte Jesu geht es darum, zu proklamieren, wer denn dieser Jesus eigentlich ist, mit dem die Jünger schon eine ganze Zeit lang unterwegs sind: »Dies ist mein geliebter Sohn«, sagt die göttliche Stimme, und denselben Satz hat diese Stimme auch schon bei Jesu Taufe durch Johannes gesagt (Matthäus 3). In der Weihnachtserzählung schließlich sagt der Engel den Hirten: »Euch ist heute der Heiland geboren.« Epiphanie-Erzählungen sagen den Lesern und Hörern, dass das, was sie glauben, auch glaubwürdig ist, weil Gott selbst dahintersteht.

II.

Ein Zug in unserer Erzählung fällt dabei besonders auf. Er betrifft das Verhältnis Jesu zu den beiden anderen Gestalten, die in der jüdischen Bibel eine so große Bedeutung haben: Mose ist der, der Israel aus der ägyptischen Gefangenschaft herausgeführt hatte, und Elia ist der, der in seinem Tod mit einer spektakulären Himmelfahrt für seinen Kampf gegen die Andersgläubigen von Gott geehrt worden ist (2. Könige 2). Sie gesellen sich zwar zu Jesus, aber sie werden nicht von Licht umgeben. Und als die Jünger den Dreien je eine Hütte bauen wollen, damit sie bei ihnen bleiben, wird diese Äußerung vom Evangelisten als Produkt des Erschreckens abgetan. *Keine* Hütte wird gebaut, und stattdessen erschallt die Stimme, die Jesus als Gottessohn proklamiert.

Aber dann ist er schon wieder ohne Glanz. Von jetzt an wirft die Passion ihren Schatten auf Jesus. Und Mose und Elia sind verschwunden. Jesus bleibt allein auf dem Berg bei den Jüngern. Und das heißt: Mose und Elia stellen die religiöse Herkunft und Vergangenheit dar. Für die Christen aber gilt, was ihnen Gottes Stimme sagt: »Auf ihn, Jesus, sollt ihr hören!« Johannes hat in seinem Evangelium den theologischen Grund dafür benannt: »Denn das Gesetz wurde durch Mose gegeben, die Gnade und die Wahrheit (aber) ist durch Jesus Christus *geworden*.« (1,17) Die Wahrheit! Die Wege von Juden und Christen haben angefangen, sich zu trennen.

Auch die Epiphanien der Evangelien gehören, liebe Gemeinde, zu dem, was die Evangelisten als sehr sorgfältig vorgehende, gläubige Schriftsteller an mündlichen und schriftlichen Überlieferungen von Jesus gesammelt, bearbeitet und in den Evangelien zusammengeführt haben – das Markusevangelium ist ungefähr im Jahr 70, also 40 Jahre nach Jesu Tod, geschrieben worden. Sie haben damit im Auftrag ihrer Gemeinden die inhaltliche Basis des neuen Glaubens geschaffen. Denn Gemeinden gleich welcher Religion sind damals, wesentlich stärker als heute, Erzählgemeinschaften gewesen. Da Jesus, seine Jünger und Apostel Juden waren, mussten die Erzählungen Auskunft darüber geben, was und warum bei den Christen nun anders, und vor allem, wie Jesus selber einzuordnen war: Ein neuer Mose? Elia? Prophet? Oder gar der erwartete Messias? Und nichts hat diese letzte Frage so dringlich gemacht wie sein Verbrechertod am Kreuz. Unsere Geschichte folgt bei Markus unmittelbar auf die erste Ankündigung Jesu, dass er getötet und nach drei Tagen auferstehen werde. Die himmlische Stimme, die Jesus als Gottes Sohn ausweist, sollte offenbar den Hörern der Leidensgeschichte im Ohr bleiben. Lasst euch nicht herunterziehen von seinem Ende. Schaut auf Ostern, auf die Auferstehung, voraus! Ostern wird den Tod in den Schatten des Lichts stellen. Das ist erzählte Theologie, aber es ist auch Seelsorge – bis heute.

III.

Neben den Erscheinungen, in denen lichtumflutete Gestalten auftreten, gibt es in antiken griechischen Mythen und auch schon im Alten und im Neuen Testament noch einen ganz anderen Typ von Erscheinungen. Das sind ganz alltägliche Geschichten, in denen sich Menschen begegnen. Doch plötzlich wird klar, dass die Erzähler in einem oder mehreren Menschen einem Gott begegnet sind. Es ist, als wenn sie eine Hülle um sich gehabt hatten, die sie plötzlich abwerfen, um als die zu erscheinen, die sie wirklich sind. In den Mythen ist das so häufig, dass man sagen kann, niemand in Griechenland konnte wirklich sicher sein, in einem fremden Menschen nicht einem Gott oder einer Göttin zu begegnen. Auch hier erwies sich die Welt immer wieder als offen für die Transzendenz.

Das ist in der alttestamentlichen Geschichte von den drei Männern auch so, die Abraham und Sara vor ihrem Zelt besuchen und der alten Frau verheißen, dass sie übers Jahr einen Sohn haben werde. Dass es Gott ist, erkennt der Hörer der Erzählung daran, dass die drei, wenn sie von sich reden, nicht »wir«, sondern »ich« sagen (1. Buch Mose 18). Und das heißt: Aus ihnen redet Gott.

Im Neuen Testament finden wir eine ähnliche Erscheinung in der von Lukas im 24. Kapitel erzählten Geschichte vom Gang der Jünger am Ostermorgen nach Emmaus. Sie trauern über Jesu Tod, das leere Grab und das Ende ihrer Hoffnungen auf ihn. Da gesellt sich ein Wanderer zu ihnen. Er fragt sie aus und deutet ihnen das Geschehene von alten Prophezeiungen her. Sie laden ihn in ihr Haus ein, und beim abendlichen Mahl, als er, der Gast, wie ein Hausherr das Brot bricht, erkennen sie ihn an der Art des Brotbrechens: Es ist Jesus, er ist auferstanden. Doch im selben Moment, in dem sie ihn erkennen, ist er auch schon »ihren Blicken entschwunden«. Fassbar, festzuhalten wie ein Stück Brot, ist der Auferstandene nicht. Oder noch anders ausgedrückt, heißt die Botschaft dieser Erscheinung: Der Auferstandene ist verborgen gegenwärtig bei den Menschen, »in, mit und unter« ihnen selbst, wie das Reich Gottes auch, das mitten unter uns ist – selbst in einer verrückt gewordenen Welt wie unserer ist es gegenwärtig in vielen Lichtblicken und liebevollen Taten von Menschen.

Hier wird zum ersten Mal deutlich, dass uns diese eigentlich fernen Erscheinungen doch etwas näherrücken, auch wenn es auf den ersten Blick nicht so aussieht. Ganz nahe aber kommen sie, wenn wir uns das Zentrum des Gleichnisses vom Weltgericht im 25. Kapitel bei Matthäus näher ansehen. Ihr erinnert euch: Jesus Christus, hier als der Menschensohn bezeichnet, hält das Weltgericht. Und er teilt die Menschen aus allen Völkern, die vor ihm erscheinen, auf in diejenigen, die den Zugang zu Gottes Reich erben, und in diejenigen, die an diesem Erbe *keinen* Anteil haben werden. Das Maß, mit dem der Menschensohn misst, lautet: »Ich war hungrig, und ihr habt mir zu essen gegeben; ich war durstig, und ihr habt mir zu trinken gegeben. Ich war fremd, und ihr habt mich aufgenommen. Ich war nackt, und ihr habt mich bekleidet. Ich war krank, und ihr habt euch meiner angenommen. Ich war im Gefängnis, und ihr habt mich besucht.« Das Überraschende an der Szene ist, dass die Erben des Reiches Gottes gar nicht wissen, wovon der Menschensohn redet, denn sie haben ihn, sagen sie, doch nie als einen Bedürftigen gesehen. Die Antwort des Weltenrichters deckt auf, was er, was Gott, mit dem Leiden in der Welt zu tun hat: »Was ihr einem dieser meiner geringsten Brüder getan habt, das habt ihr *mir* getan.« Der Weltenrichter solidarisiert sich nicht nur mit den Leidenden und Hilfebedürftigen, er *identifiziert* sich mit ihnen. Auch hier wird die geschlossene Welt, in der wir Menschen unter uns leben und Politik betreiben, geöffnet: Sie zeigt sich plötzlich so, wie sie ist, wenn sie offen für den Menschensohn Jesus ist, wenn er *in* ihr und nicht nur im Kreuz an der Wand gesehen wird.

Liebe Gemeinde: In Griechenland konnte man sich nicht sicher sein, in ein*em* oder ein*er* Fremden einer Gottheit zu begegnen. Die Botschaft, die Jesus hinterlassen hat, lautet: Wir *müssen* uns sicher sein, dass Gott uns in jedem leidenden Menschen begegnet, der unsere Hilfe braucht. Wir verstehen, dass dieser Satz heute zum Beispiel auf die Willkommenskultur zielt, die wir gerade Stück für Stück begraben: »Wann haben wir Dich am Grenzzaun gesehen oder in einem Schlauchboot auf dem Mittelmeer? Das waren doch Syrer, Afrikaner, Afghanen, die da ertranken?« Die Antwort des Menschensohns lastet als eine Bürde auf uns. Ja, das ist wahr. Aber dass wir mit *Gott* zu tun haben, wenn wir Leidenden helfen – das ist eine Würde, die durch nichts zu übertreffen ist.

Und wenn ihr dem zustimmt, dann sagt: Amen.

Anhang

Liturgie
23.7. / 12.11.2018

I. Wechselseitiges Eingeständnis und Lossprechung

MUSIK

Liturg/Liturgin A: BEGRÜSSUNG UND VOTUM

HEREINTRAGEN DES LICHTS
Dabei wird das LIED *»Oculi nostri ad dominum deum«
(EG Bayern 699) gesungen, bis die Kerzen angezündet
sind.*

Liturg/Liturgin A: Wir danken Gott für das Licht, die Quelle des Lebens. Du, Gott, bist Licht und erleuchtest uns,
damit es hell werde in uns und wir füreinander Licht
sein können.

LIED: [Morgenglanz der Ewigkeit (EG 450,1-3)]

Liturg/Liturgin A: Gelobt sei Gott, in dem alles Leben Herkunft und Zukunft hat; gelobt sei Gott, der, seit es Menschen gibt, mit vielen Namen und in vielerlei Gestalt
gepriesen und zu Hilfe gerufen, aber wegen des Elends
in der Welt auch angeklagt wird; gelobt sei Gott, den
Jesus uns als liebenden Vater verstehen gelehrt hat; er
ist in Geist und Liebe unter uns gegenwärtig.

LESUNG: [1. Korintherbrief 13,1-7.13]

Liturg/Liturgin A: Mögen wir in diesen Worten Wegweisung für uns finden.

Gemeinde: Ehr' sei dem Vater und dem Sohn und dem Heiligen Geist …

LIED: Ich glaube: Gott ist Herr der Welt (EG Bayern 704, 1-6) *oder ein anderes gesungenes oder gesprochenes Bekenntnis*

PREDIGT

LIED: [Liebe, die du mich zum Bilde (EG 401,1-2.4)]

Liturg/Liturgin A: Durch die Taufe sind wir nach dem Zeugnis unserer Kirche berufen worden, Gott und dem Leben zu dienen. Wir nehmen diesen Dienst gemeinsam wahr, indem wir beten, wie Jesus uns beten gelehrt hat:

Alle: Unser Vater im Himmel, geheiligt werde dein Name. Dein Reich komme. Dein Wille geschehe wie im Himmel, so auf Erden. Unser tägliches Brot gib uns heute. Und vergib uns unsere Schuld, wie auch wir vergeben unseren Schuldigern. Und führe uns nicht in Versuchung. Sondern erlöse uns von dem Bösen. Denn dein ist das Reich und die Kraft und die Herrlichkeit in Ewigkeit. Amen.

Liturg/Liturgin B: Aus Liebe zum Leben hat uns Gott geschaffen. Sein Geist bewegt den Kosmos im Werden und Vergehen. Er verbindet uns Menschen mit allem, was lebt. Wir haben Anteil an allem Guten und Bösen, glauben aber, dass nur Liebe und gegenseitige Vergebung unser Menschsein vollenden können.

Die Gemeinde stellt sich so auf, dass jede/r ein Gegenüber hat.

Liturg/Liturgin A: Nach dem Zeugnis des Johannesevangeliums hat der Auferstandene die, die seinen Weg weitergehen, beauftragt, Menschen ihre Schuld zu vergeben. Er sprach: »Frieden sei mit euch. Wie mich der Vater gesandt hat, so sende ich euch. Und nachdem er dies gesagt hatte, hauchte er sie an und sprach zu ihnen: Empfanget heiligen Geist! Wenn ihr jemandem die Sünden vergebt, sind sie ihm vergeben.«

Gruppe 1: Liebe Schwestern und Brüder, ich gestehe ein, dass ich Menschen und anderen Mitgeschöpfen Ehrfurcht und Liebe schuldig geblieben bin. Ich habe es an Fantasie für das Leben und an Mut zur Wahrheit fehlen lassen. Ich habe manches getan, was ich um Gottes willen nicht hätte tun sollen.
(Kurze Pause: An dieser Stelle kann im Stillen ein eigenes Bekenntnis gesprochen werden. Danach geht es gemeinsam weiter:) Ich bitte euch, mir im Namen Gottes zu vergeben.
Gruppe 2: In Gottes Namen vergeben wir dir. Vergib du auch denen, die dir etwas schuldig bleiben.
Gruppe 1: Amen.
Gruppe 2: Liebe Schwestern und Brüder, ich gestehe ein, dass ich Menschen und anderen Mitgeschöpfen, Ehrfurcht und Liebe schuldig geblieben bin. Ich habe es an Fantasie für das Leben und an Mut zur Wahrheit fehlen lassen. Ich habe manches getan, was ich um Gottes willen nicht hätte tun sollen.
(Kurze Pause: An dieser Stelle kann im Stillen ein eigenes Bekenntnis gesprochen werden. Danach geht es gemeinsam weiter:) Ich bitte euch, mir im Namen Gottes zu vergeben.
Gruppe 1: In Gottes Namen vergeben wir dir. Vergib du auch denen, die dir etwas schuldig bleiben.
Gruppe 2: Amen.
(Hier kann jeder/jede anderen ein Zeichen des Friedens, der Nähe, aber auch der persönlichen Versöhnung *geben.)*

LIED (Melodie EG 190.2: Christe, du Lamm Gottes; Text: K.-P. Jörns):

Jesus, geistgeboren, offenbarst: Gott liebt die Welt. Wir sind geborgen.

Jesus, hingerichtet, brichst die Herrschaft der Gewalt am Ostermorgen.

Jesus, auferstanden, zeigst: Der Gott der Schöpfung wirkt auch im Tod verborgen.

II. Feier der Lebensgaben Gottes – Eucharistie

Liturg/Liturgin A: Im Leben und im Sterben brauchen wir die Gewissheit, dass Gott mit uns ist. Lasst uns Gott Dank sagen für die leiblichen und geistlichen Gaben, die uns erhalten und erfreuen. So hat es auch Jesus getan, wenn er mit seinen Weggefährten das Mahl gehalten hat:
Dann nahm er Brot, dankte, brach es, gab es ihnen und sprach: Nehmt und esst Brot des Lebens – das bin ich für euch. Nach dem Mahl nahm er den Kelch, sprach das Dankgebet, gab ihnen den, und sie tranken alle daraus.

LIED: Kommt mit Gaben und Losgesang (EG 229,1-2)

Brot, Wein/Saft und Blumen werden nacheinander *zum Altar getragen. Während des Herzutragens wird* jeweils *die Taizé-Strophe »Oculi nostri ad dominum deum« (EG Bayern 699) gesungen. Die Gaben werden mit den folgenden eucharistischen Gebeten am Altar empfangen:*

Liturg/Liturgin B: Wir danken Gott für das *Brot des Lebens*, das er uns als leibliche und geistliche Speise gegeben hat. Es stärke uns, die Erde zu bewahren, damit Menschen und Tiere über alle irdischen Grenzen hinweg das tägliche Brot finden.

Liturg/Liturgin A: Wir danken Gott auch für die *Frucht des Weinstocks*. Im Kelch mit Wein schmecken wir Gottes Nähe. Wie aus den Trauben Wein geworden ist, so soll von den Religionen der Erde eine Kraft ausgehen, die dem Frieden dient.

Liturg/Liturgin B: Wir danken Gott für die Blumen und alle anderen Pflanzen. Sie geben uns Farben und Formen, die uns erfreuen, und Luft zum Atmen. Und wir danken Gott für die Tiere. Mit ihnen haben wir eine gemeinsame Herkunft und Zukunft auf der Erde.

Liturg/Liturgin A: Wir preisen das Wunder des Lebens, das wir täglich erleben und das sich in Kunst, Musik und Wissenschaft vielfältig spiegelt.

* *Liturg/Liturgin NN*: Wir danken Gott für … *(Hier können Einzelne einen persönlichen Dank für etwas sagen, was sie als Lebensgabe erfahren.)* *

Liturg/Liturgin A: Schließlich sagen wir Gott Dank für das Leben und die gute Botschaft Jesu. Durch ihn wissen wir, dass Gottes Liebe durch nichts bedingt oder begrenzt ist. Sein Geist wird das schwere Leben und unsere Seelen leicht machen und uns, wenn wir sterben, in eine neue Gestalt von Leben verwandeln.

Alle: Wir glauben: Gott ist Liebe. Wer in der Liebe bleibt, der bleibt in Gott und Gott in ihm. Wir glauben: Liebe ist stärker als der Tod.

KOMMUNION

Liturg/Liturgin B: Kommt nun, denn es ist alles bereit. Seht und schmeckt das Wunder des Lebens.

Die Kommunikanten und Kommunikantinnen reichen sich Brotschale und Kelch weiter und sprechen einander zu: »Brot des Lebens für dich« und »Gottes Liebe für dich«. Die ORGEL *paraphrasiert das nach der Austeilung zu singende Lied.* »Wenn das Brot, das wir teilen ...«

LIED nach der Austeilung: *Wenn das Brot, das wir teilen, als Rose blüht / und das Wort, das wir sprechen, als Lied erklingt, / dann hat Gott unter uns schon sein Haus gebaut, / dann wohnt er schon in unserer Welt. / Ja, dann schauen wir heut schon sein Angesicht / in der Liebe, die alles umfängt, in der Liebe, die alles umfängt.*

DANK UND SENDUNG, *einmündend in die gesungene Bitte um Segen.*

LIED: Meine Hoffnung und meine Freude (EG Bayern 697)

MUSIK[1]

---

[1] Die in eckige Klammern gesetzten Lieder und Lesungen sind Beispiele; die mit * versehene Danksagung ist eine mögliche Ergänzung.

Bekenntnis

Wo Geist und Liebe wirken, da wird Leben, da ist Gott. Gottesdienst beginnt mit der Ehrfurcht vor dem Leben. Dass es Leben gibt, ist das eine große Geheimnis.

Geist ist die treibende Kraft in der fortdauernden Schöpfung, und Liebe hält die Welt im Innersten zusammen.[1]

Liebe hilft, das schöne, schwere Leben zu ertragen und andere Menschen und Geschöpfe, aber auch uns selbst, leiden zu können. Bleiben wir in der Liebe, sind wir in Gott, ist Gott in uns.[2]

Jesus hat den Opferkult durch die Vollmacht abgelöst, einander Schuld zu vergeben. Menschen, Tiere und Pflanzen haben eine unverlierbare Würde, sind Leben inmitten von Leben, das leben will.[3]

Heilig sind uns Menschen, die durch ihr Vorbild unsere Schritte auf den Weg zum Frieden leiten.[4] Wir gehören zu einer neuen Ökumene, in der die Religionen die uralte Gewohnheit verlassen haben, Gott in Dienst zu nehmen für den Willen zu herrschen.

Zur neuen Ökumene gehören aber auch alle Künste und Wissenschaften, die unsere Sinne und Sehnsüchte richten auf das, was dem Leben dient.

Wir warten nicht auf himmlische Weltenretter. Jesus hat uns zugetraut, Salz der Erde und Licht der Welt zu sein. Gerechte Lebensbedingungen für alle zu schaffen, bleibt unsere Aufgabe. Sie hat Vorrang vor allem religiösen, nationalen und wirtschaftlichen Eigennutz.

Wir haben Zukunft über den Tod hinaus durch den Glauben, dass Geist und Liebe nicht verloren gehen, sondern weiter wirken. (Klaus-Peter und Wiltrud Jörns)

---

[1] J. W. v. Goethe, Faust. Der Tragödie erster Teil. Nacht.
[2] 1. Johannes-Brief 4,16.
[3] Albert Schweitzer, Vorträge, Vorlesungen, Aufsätze (Werke aus dem Nachlass), hg. v. C. Günzler, U. Luz und J. Zürcher, C. H. Beck, München 2003. Entstanden 1917–1918.
[4] Lukas 1,79.

Bibelstellenregister

Inhalt

Christoph Levin: Die Weihnachtsgeschichte von einem Alttesta-
mentler gelesen. Fünf Reden. Und eine Ansprache
Gerd Lüdemann/Martina Janssen: Bibel der Häretiker
Die gnostischen Schriften aus Nag Hammadi
Henning Luther: Religion und Alltag
Bausteine zu einer Praktischen Theologie des Subjekts
Kurt Marti: DU. Rühmungen
Kurt Marti: geduld und revolte. die gedichte am rand
Kurt Marti: gott gerneklein. gedichte
Kurt Marti: Heilige Vergänglichkeit. Spätsätze
Kurt Marti: Die Psalmen. Annäherungen
Pierangelo Maset: Geistessterben. Eine Diagnose
Elisabeth Moltmann-Wendel: Gib die Dinge der Jugend
mit Grazie auf. Texte zur Lebenskunst
Gert Otto: Tod und Trauer brauchen Sprache
Niklaus Peter: Schachfigur – oder Schachspieler. Denkmodelle und
Spielzüge auf den Feldern des Lebens und der Religion
Ruth Rehmann: Flussaufwärts. Letzte Geschichten
Martin Scharpe (Hg.): Erdichtet und erzählt I und II
Das Alte/Das Neue Testament in der Literatur
Martin Scharpe (Hg.): Das literarische Geburtstagsbuch
Asta Scheib (Hg.): Atem der Erde. Lyrik zu den vier Jahreszeiten
Wieland Schmied: Bilder zur Bibel
Maler aus sieben Jahrhunderten erzählen das Leben Jesu
Friedrich Schorlemmer: Wortmacht und Machtworte
Eine Eloge auf die Leselust
Friedrich Schorlemmer (Hg.): Das soll Dir bleiben
Texte für morgens und abends
Fulbert Steffensky: Gewagter Glaube
Fulbert Steffensky: Heimathöhle Religion
Ein Gastrecht für widersprüchliche Gedanken
Fulbert Steffensky: Mut zur Endlichkeit
Sterben in einer Gesellschaft der Sieger
Fulbert Steffensky: Orte des Glaubens
Die sieben Werke der Barmherzigkeit
Fulbert Steffensky: Schwarzbrot-Spiritualität
Fulbert Steffensky (Hg.): Ein seltsamer Freudenmonat
24 Adventsgedichte und 24 Adventsgeschichten
Ilse Zilch-Döpke: Friedenskörner. Laienpredigten

Radius-Verlag · Alexanderstraße 162 · 70180 Stuttgart
Fon 0711.607 66 66   Fax 0711.607 55 55
www.Radius-Verlag.de   e-Mail: info@radius-verlag.de